Besser lernen

BESSER LERNEN

Die wichtigsten Lern- und Arbeitstechniken

 **Schuljahr**

von Gerhard Gölz und Peter Simon

3., aktualisierte Auflage

SCRIPTOR

Quellenverzeichnis:
S. 16: Christian Morgenstern, Der Schnupfen. Aus: Werke in einem Band. R. Piper Verlag – München 1965; **S. 18:** Eduard Mörike, Er ist's. Aus: H. Mayne (Hrsg.), Werke. Bibliographisches Institut - Leipzig-Wien 1909; **S. 20:** Bertolt Brecht, Die Vögel warten im Winter vor dem Fenster. Aus: Gesammelte Werke. © Suhrkamp Verlag – Frankfurt am Main 1967; **S. 22:** Klaus Hoffmann, Wenn der Elefant in die Disco geht. Ravensburger Buchverlag Otto Maier GmbH, Ravensburg 1983; **S. 36:** Johann Gottfried Herder, Der Löwe und die Stiere. Aus: Sämtliche Werke. Weidmann Verlag – Berlin 1877; **S. 38:** Irmela Brender, Ich wollt', ich wäre du (Auszug). Aus: I. Brender / G. Stiller, Ja–Buch für Kinder, Verlag Beltz & Gelberg, Weinheim und Basel 1974

Cornelsen online http://www.cornelsen.de

Gedruckt wird auf chlorfreiem Papier ohne Dioxinbelastung der Gewässer.

Das Buch wurde für die 3. Auflage gründlich durchgesehen.

Die Deutsche Bibliothek – CIP-Einheitsaufnahme

Gölz, Gerhard:
Besser lernen: die wichtigsten Lern- u. Arbeitstechniken, 5.-7. Schuljahr/von Gerhard Gölz und Peter Simon.
3. aktualisierte Aufl. 1999 – Berlin: Cornelsen Scriptor, 1999
ISBN 3-589-21247-0
NE: Simon, Peter:

Dieses Werk berücksichtigt die Regeln der reformierten Rechtschreibung und Zeichensetzung.

7.	6.	5.	4.	3. ✓	Die letzten Ziffern bezeichnen
03	02	01	2000	99	Zahl und Jahr des Drucks.

Umschlagentwurf der Reihe: Studio Lochmann, Frankfurt am Main, unter Verwendung eines Fotos von Peter Wirtz, Dormagen
Illustrationen: Katja Rosenberg, Wiesbaden
Satz: Steffen Hahn, Kornwestheim
Druck und Bindearbeiten: Gutmann GmbH, Talheim
Printed in Germany
ISBN 3-589-21247-0
Bestellnummer 212470

Inhalt

Mit diesem Buch üben 8

Etwas auswendig lernen 14

Vokabeln einprägen 24

Den Inhalt eines Textes wiedergeben 34

Rechtschreibfehler vermeiden 44

Im Wörterbuch nachschlagen 56

Mit Rechengrößen umgehen 64

Große Zahlen runden 78

Textaufgaben lösen 88

Mit Schaubildern umgehen 104

Hallo!

Wir, die beiden Verfasser dieses Buches, wollen dir auf den nächsten Seiten sagen, wobei dir dieses Buch hilft. Nimm dir etwas Zeit und lies diese Seiten aufmerksam durch.

Stimmt es, dass du in die 5., 6. oder 7. Klasse gehst? Dann ist dieses Buch genau für dich gemacht. Zwar ist es für das Lernen schon ein Unterschied, ob du in die 5. Klasse gehst oder ob du schon in der 7. Klasse bist. Für den Umgang mit diesem Buch ist das jedoch nicht so wichtig. Wir haben die Übungen so ausgewählt, dass sie für alle Schülerinnen und Schüler dieser Klassen interessant und lösbar sind. Wenn du älter bist, kannst du die leichteren Aufgaben eben etwas schneller lösen. Solltest du einmal auf eine Aufgabe stoßen, die dir zu schwierig erscheint, dann lass sie einfach aus. Aber nicht zu früh aufgeben! Und besonders knifflige Aufgaben erkennst du an diesem Zeichen:

 Das Buch ist auch für deine **Eltern** eine Hilfe. Wenn sie wollen, können sie dir beim Üben helfen. Beispielsweise, indem sie dich abhören oder nachsehen, was du geschrieben hast.

Worauf sie dann achten müssen, das können sie immer am Anfang eines Kapitels nachlesen – dort, wo die Überschriften „Darum geht es" und „Darauf kommt es an" stehen.

Dieses Buch berücksichtigt die Regeln der reformierten Rechtschreibung und Zeichensetzung. Hinweise dazu findest du auch in dem Übungstext auf S. 54.

Mit diesem Buch üben

Darum geht es:

Jedem leuchtet ein, dass niemand als Sportler berühmt wird, wenn er nicht Tag für Tag hart trainiert. Ebenso leuchtet jedem ein, dass ein Popstar nicht mit seiner Gitarre im Fernsehen auftreten kann, wenn er die Griffe und das Spiel auf seinem Instrument nicht fleißig übt. Denn für alle tollen Leistungen gilt:

> **Nur wer trainiert und übt,**
> **hat Aussicht auf Erfolg.**

Mit dem Schulerfolg ist das natürlich nicht anders. Obwohl es Schülerinnen und Schüler geben soll, die meinen, in der Schule könnte man gut sein, ohne etwas dafür zu tun. Aber das ist ein Irrtum. Denn auch für die Schule gilt: Wer nicht übt, ist nicht fit.

Wer beispielsweise das Tennisspielen lernen will, darf beim Trainieren nicht einfach nur mit dem Schläger nach dem Ball schlagen. Man muss zunächst üben, den Schläger richtig zu halten oder die Arme beim Schlag in der richtigen Schwunglinie zu führen. Sonst wird nichts daraus.
Auch wer das Skifahren lernen will, muss in richtiger Weise üben. Wer sich einfach nur auf die Bretter stellt und den steilen Hang hinunterrutscht, wird nicht weit kommen. Bei der ersten Unebenheit im Gelände landet er kopfüber im Schnee. Beim Skifahren ist es zum Beispiel wichtig, die richtige Körperhaltung zu üben, den richtigen Ski zu belasten und den Stock im richtigen Moment einzusetzen. Aus diesen Beispielen wird klar:

> **Üben allein bringt's nicht -**
> **es muss *richtig* geübt werden.**

Mit anderen Worten: Auch Lernen will gelernt sein. Deshalb kann es auch vorkommen, dass Schüler, die durchaus fleißig sind, trotzdem nicht den rechten Schulerfolg haben. Möglicherweise liegt dies daran, dass sie nicht in der richtigen Weise lernen und üben. Denn es kommt nicht nur darauf an, **dass** gelernt wird, sondern auch darauf, **wie** gelernt wird.

Zum Erfolg gehören also regelmäßiges und richtiges Üben. Das schaffen auch große Sportler nicht allein. Den Fleiß müssen sie selbst mitbringen. Dass sie aber *richtig* üben, dafür sorgt ihr Trainer mit seiner Erfahrung in dieser Sportart. Er gibt ihnen die nötigen Ratschläge, Hilfestellungen und Tipps, die sie brauchen, um erfolgreich zu werden.

Und dafür gibt es dieses Buch:

Wir, die Verfasser dieses Buches, sind erfahrene Trainer, was das Lernen angeht. Wir können dir mit diesem Buch das Lernen nicht abnehmen. Aber wir können dir zeigen, wie du so lernst und übst, dass dein Einsatz auch Erfolg hat.
Dafür haben wir in diesem Buch Beispiele und Aufgaben aus dem Schulalltag gesammelt. Wir geben dir Ratschläge und Hilfen, wie du mit diesen Aufgaben fertig wirst, und wir verraten dir Tipps und Tricks, wie du dir die Sache erleichterst.

9

Darauf kommt es an:

Stell dir vor, du sollst auf der Turnmatte die Rolle rückwärts lernen. Die kann dir ein Trainer zunächst vorturnen und dir dann erklären, wie man diese Rolle macht, wie man die Hände dabei benutzt und wo der Kopf hin muss. Dadurch **verstehst** du, worauf es bei einer richtigen Rolle rückwärts ankommt. Und du musst es im Kopf **behalten,** um dich anschließend und in der nächsten Turnstunde daran zu erinnern, wenn du die Rolle **wiederholst,** bis sie richtig klappt.

Genauso ist es im folgenden Beispiel einer sehr einfachen Rechenaufgabe. Sollst du zum Beispiel die Rechenaufgabe 5 mal 4 lösen, so musst du zunächst den Sinn dieser Aufgabe *verstehen.* Du könntest dir dazu fünf Würfel vorstellen, mit denen du eine 4 gewürfelt hast.

Zählst du alle gewürfelten Augen zusammen, dann ergibt sich als Gesamtpunktzahl die Zahl 20. Die Vorstellung der Würfel könntest du nun auch bei anderen Aufgaben *anwenden* und auf diese Weise die Aufgaben 9 mal 5 oder 7 mal 6 lösen.

Es wäre aber auf die Dauer etwas umständlich, wenn du das Ergebnis immer erst durch die Vorstellung der Würfel ermittelst. Du musst eben im Kopf *behalten*, dass 9 mal 5 gleich 45 und dass 7 mal 6 gleich 42 ist. Dies erreichst du dadurch, dass du das Einmaleins so häufig *wiederholst*, bis du dieses Ergebnis sofort und ohne lange zu überlegen sagen kannst!

Richtig lernen heißt also:

- den Sinn einer Sache verstehen.
  Das nennen wir Lernen durch *Verstehen.*

- das Gelernte festigen, indem man es anwendet.
  Das nennen wir Lernen durch *Anwenden.*

- das Gelernte im Gedächtnis behalten.
  Das nennen wir Lernen durch *Behalten.*

- etwas immer wiederholen, bis es automatisch geht.
  Das nennen wir Lernen durch *Wiederholen.*

Diese vier Formen des Lernens spielen beim Lernerfolg eine
Rolle und müssen deshalb trainiert werden.

Dieses Buch gibt dir Gelegenheit, die vier Formen des Lernens
als Schlüssel zum Lernerfolg gründlich zu üben:

>   das **Verstehen**
>
>   das **Anwenden**
>
>   das **Behalten**
>
>   das **Wiederholen**

Und so übst du mit diesem Buch:

Jedes Kapitel beschäftigt sich mit einer Aufgabe, die in der Schule häufig vorkommt. Diese wichtige *Aufgabenstellung* ist als Kapitelüberschrift genannt.

Am Anfang eines Kapitels erklären wir dir immer zuerst,
- **worum es in diesem Kapitel geht**
  Dadurch sollst du verstehen, warum diese Aufgabe wichtig ist.
- **worauf es beim Üben ankommt**
  Dadurch erfährst du, was du bei den späteren Übungsaufgaben anwenden musst.
- **welche Hilfen du dir merken musst**
  Dadurch wird dir klar, was für die Zukunft besonders zu behalten ist.
- **was du besonders üben musst**
  Dadurch siehst du auf einen Blick, was du durch Wiederholen trainieren musst, bis es klappt.

Und dann kommen *Einzelaufgaben* zum Üben.
An einem Beispiel zeigen wir dir, wie du die Aufgaben eines Kapitels lösen kannst.

Du solltest diese Aufgabe selbstständig lösen. Alle nötigen *Hilfen* sind dir gegeben. Wenn für eine Einzelaufgabe noch weitere Hinweise nötig sind, findest du sie dort, wo am Rand dieses Zeichen auftaucht.

Hast du eine Aufgabe beendet, kannst du mit dem *Lösungsheft* überprüfen, ob du richtig gearbeitet hast. Damit diese Kontrolle besser möglich ist, raten wir dir, deine Lösungen in die freien Stellen im Buch, die dafür vorgesehen sind, hineinzuschreiben. Der gezeichnete Bleistift taucht immer dort auf, wo diese Übungen beginnen. Mache dir unbedingt die Mühe und schreibe deine Lösungen überall in das Buch, wo Platz dafür gelassen ist. Denke daran: Nur was du schriftlich festgehalten hast, kannst du nachher mit dem Lösungsheft genau vergleichen.

Wir wissen, dass Schreiben meistens mühsam ist und oft nicht gern gemacht wird. Deshalb möchten wir dir Folgendes ganz besonders ans Herz legen:

Schreiben ist beim Üben eine ganz wichtige Tätigkeit.

Denn was du geschrieben hast, prägt sich meistens besser ins Gedächtnis ein. Deshalb gibt es in diesem Buch viele Schreibübungen.

Das Ausrufungszeichen am Rand findest du immer dort, wo wir dir Hinweise und Regeln nennen, die du dir besonders gut merken solltest.

Wichtig ist auch, dass du nichts Falsches übst. Das Lösungsheft gibt dir daher jederzeit die Möglichkeit, selbst zu überprüfen, ob du etwas richtig gelöst hast oder nicht. So vermeidest du, dass du Falsches nochmals falsch machst.

Nina und Jan werden dich bei deiner Arbeit mit diesem Buch begleiten und dich auf allerlei wichtige Dinge hinweisen.

Und sonst raten wir:

- Bearbeite nicht das ganze Buch auf einmal.
- Erledige immer nur eine Aufgabe.
- Beginne mit dem Kapitel, dessen Aufgabenstellung dir am meisten Spaß macht oder die du am nötigsten hast.

Und nun: Viel Spaß und viel Erfolg
beim Üben
Üben
Üben
Üben
Üben
Üben!

Etwas auswendig lernen

Darum geht es:

Alles Lernen hat nur einen Sinn, wenn man das Gelernte auch im Gedächtnis behält. Gedichte und Lieder auswendig zu lernen, ist ein gutes Mittel, um das Gedächtnis zu trainieren. Und du wirst sehen, es macht auch Spaß, ein Gedicht auswendig aufsagen zu können oder ein Lied singen zu können, ohne auf das Textblatt schauen zu müssen.

Darauf kommt es an:

Das Wichtigste beim Auswendiglernen ist das Üben. Ohne Übung bleibt nur wenig im Gedächtnis! Es gibt hierfür eine gute Hilfe: Wenn du den Sinn des Lerntextes richtig erfasst hast, wird dir das Auswendiglernen viel leichter fallen. Am folgenden Beispiel wird dir deutlich, was gemeint ist:
Wenn du die Zahlenreihe

1 3 5 2 4 6 3 5 7 4 6 8 5 7 9

auswendig lernen sollst, kannst du sie einfach einüben, indem du die Zahlenfolge immer wieder aufsagst, bis es auswendig geht. Allerdings müsstest du aber wohl sehr lange üben, bis du es ohne Fehler schaffst!

Schon leichter geht es, wenn du die Zahlenfolge in Gruppen gegliedert hast, zum Beispiel so:

1 3 5   2 4 6   3 5 7   4 6 8   5 7 9

Noch leichter geht es, wenn dir auffällt, dass jede dieser Gruppen um 1 höher beginnt als die vorige. Und ganz leicht wird es, wenn du erkannt hast, dass in jeder Gruppe die zweite Zahl und die dritte Zahl jeweils um 2 höher ist als die vorhergehende Zahl. Jetzt könntest du sogar eine noch viel längere, gleich aufgebaute Zahlenfolge auswendig aufsagen, denn du hast den Aufbau dieser Zahlenfolge verstanden.
Nach diesem Beispiel werden dir die vier Merksätze für das Auswendiglernen einleuchten.

> **Verstandenes** prägt sich besser ein als Unverstandenes.
> **Gegliedertes** lernt man leichter als Ungegliedertes.
> **Auffälliges** hilft, sich an das Gelernte zu erinnern.
> **Übung** fördert das Behalten im Gedächtnis.

Das musst du üben:

- den Sinn verstehen

- den Text in Lernabschnitte gliedern

- Auffälliges entdecken

- Signalwörter suchen

- durch Üben einprägen

- den Text laut und betont vortragen

Beispiel: Du sollst das Gedicht „Der Schnupfen" von Christian Morgenstern auswendig lernen.

Der Schnupfen

Ein Schnupfen hockt auf der Terrasse,
auf dass er sich ein Opfer fasse
– und stürzt alsbald mit großem Grimm
auf einen Menschen namens Schrimm.
Paul Schrimm erwidert prompt: „Pitschü!"
Und **hat** ihn drauf bis Montag früh.

Die folgenden 6 Schritte helfen dir bei dieser Aufgabe. Wir haben für dieses Beispiel die Lösungsvorschläge eingetragen, damit du siehst, wie man die Aufgabe lösen kann.

den Sinn verstehen

Lies das Gedicht zunächst mehrmals laut. Fasse dann kurz zusammen, worum es in dem Text geht.
Zum Beispiel so: Der Dichter beschreibt, wie man zu einem Schnupfen kommt. Dabei tut er so, als ob der Schnupfen eine Person wäre, die sich auf jemanden stürzt, der dann den Schnupfen hat.

in Lernabschnitte gliedern

Teile dir das Gedicht in Lernabschnitte ein. Die Gedichtstrophen kannst du als Abschnitte benutzen; unterteile sie nochmals, wenn es sich um lange Strophen handelt.
Zum Beispiel so: Immer zwei Zeilen gehören zusammen. Ziehe oben im Gedichttext nach der 2. und 4. Zeile einen Querstrich. So entstehen 3 Lernabschnitte.

Auffälliges entdecken

Schreibe auf, was dir an dem Gedichttext auffällt.
Zum Beispiel dies: Für jeden Lernabschnitt gilt, dass sich die Zeilen am Ende reimen. Der 2. Abschnitt beginnt mit einem Gedankenstrich (Pause beim Sprechen) und in der letzten Zeile ist **hat** hervorgehoben (Betonen).

Signalwörter suchen

Suche dir Stichwörter, die dir beim auswendigen Aufsagen als Gedächtnisstützen helfen.
Zum Beispiel diese:

Ein Schnupfen hockt auf der Terrasse,
auf dass er sich ein Opfer fasse
– und stürzt alsbald mit großem Grimm.
auf einen Menschen namens Schrimm.
Paul Schrimm erwidert prompt: „Pitschü!"
Und **hat** ihn drauf bis Montag früh.

durch Üben
einprägen

Für das Üben ist es nützlich, einen Teil des Textes abzudecken.
Verwende dazu Papierstreifen, die etwa 3 Finger breit sind.
Lies die abgedeckten Teile und ergänze die Zeilen aus dem
Gedächtnis. Wenn du etwas nicht mehr weißt, darfst du unter
der Abdeckung nachsehen. Unten siehst du, wie du abdecken
kannst. Am einfachsten ist es, zuerst den rechten, dann den
mittleren und zuletzt den linken Teil des Textes abzudecken.
Du kannst auch mehrere Streifen gleichzeitig benutzen.

1. Übungsform (Der rechte Teil wird abgedeckt):

Ein Schnupfen hockt auf d
auf dass er sich ein Opfer f
— — — — — —
— und stürzt alsbald mit gr
auf einen Menschen name
— — — — — —
Paul Schrimm erwidert pro
Und **hat** ihn drauf bis Mont

2. Übungsform (Der mittlere Teil wird abgedeckt):

Ein Schnup   der Terrasse,
auf dass e   asse
— — — — — —
— und stürz   roßem Grimm
auf einen M   ens Schrimm.
— — — — — —
Paul Schrim   ompt: „Pitschü!"
Und **hat** ihn   tag früh.

3. Übungsform (Der linke Teil wird abgedeckt):

en hockt auf der Terrasse,
ch ein Opfer fasse
— — — — — —
alsbald mit großem Grimm
enschen namens Schrimm.
— — — — — —
n erwidert prompt: „Pitschü!"
rauf bis Montag früh.

das Vortragen
laut üben

Übe das Vortragen. Stelle dir vor, du müsstest das Gedicht vor
deiner Klasse vortragen. Sprich deshalb deutlich und betont.
Benütze deine Signalwörter als Gedächtnisstützen.

1. Aufgabe

Du sollst das Gedicht „Er ist's" von Eduard Mörike auswendig lernen.

Er ist's

Frühling lässt sein blaues Band
wieder flattern durch die Lüfte;
süße, wohlbekannte Düfte
streifen ahnungsvoll das Land.
Veilchen träumen schon,
wollen balde kommen.
– Horch, von fern ein leiser Harfenton!
Frühling, ja, du bist's!
Dich hab ich vernommen!

Dieses Gedicht ist bei Lehrerinnen und Lehrern sehr beliebt und wird deshalb gerne im Unterricht besprochen.

den Sinn verstehen	Lies das Gedicht zunächst mehrmals laut. Fasse dann kurz zusammen, worum es in dem Text geht.

_____

_____

_____

_____

in Lernabschnitte gliedern	Teile dir das Gedicht in Lernabschnitte ein. Die Gedichtstrophen kannst du als Abschnitte benutzen; unterteile sie nochmals, wenn es sich um lange Strophen handelt. Ziehe im Text auf Seite 18 am Ende jedes Abschnitts mit dem Bleistift eine Querlinie, damit du deine Abschnitte deutlich sehen kannst.
Auffälliges entdecken	Schreibe auf, was dir an dem Gedichttext auffällt. Beachte den Reim, besondere Satzzeichen…

_____

_____

_____

Signalwörter suchen	Suche dir Stichwörter, die dir beim auswendigen Aufsagen als Gedächtnisstützen helfen.

_____

_____

_____

_____

durch Üben einprägen	Lerne das Gedicht auswendig. Sprich es immer wieder laut und benutze die Abdeckstreifen. Decke erst rechts, dann die Mitte, dann links ab und ergänze das fehlende Zeilenstück.
das Vortragen laut üben	Übe das Vortragen. Stelle dir wieder vor, du müsstest das Gedicht vor deiner Klasse vortragen. Sprich deshalb deutlich und betont. Benütze dabei auch deine Signalwörter als Gedächtnisstützen.

2. Aufgabe

Du sollst das Gedicht „Die Vögel warten im Winter vor dem Fenster" von Bertolt Brecht auswendig lernen.

Die Vögel warten im Winter vor dem Fenster

Ich bin der Sperling.
Kinder, ich bin am Ende.
Und ich rief euch immer im vergangenen Jahr,
Wenn der Rabe wieder im Salatbeet war.
Bitte um eine kleine Spende.
Sperling, komm nach vorn.
Sperling, hier ist dein Korn.
Und besten Dank für die Arbeit!

Ich bin der Buntspecht.
Kinder, ich bin am Ende.
Und ich hämmere die ganze Sommerzeit.
All das Ungeziefer schaffe ich beiseit.
Bitte um eine kleine Spende.
Buntspecht, komm nach vorn.
Buntspecht, hier ist dein Wurm.
Und besten Dank für die Arbeit!

Ich bin die Amsel.
Kinder, ich bin am Ende.
Und ich war es, die den ganzen Sommer lang
Früh im Dämmergrau in Nachbars Garten sang.
Bitte um eine kleine Spende.
Amsel, komm nach vorn.
Amsel, hier ist dein Korn.
Und besten Dank für die Arbeit!

*Das alles
auswendig lernen?
Leute, ich bin
am Ende.*

den Sinn verstehen	Lies das Gedicht zunächst mehrmals laut. Fasse dann kurz zusammen, worum es in dem Text geht.

_____

_____

_____

_____

in Lernabschnitte gliedern	Teile dir das Gedicht in Lernabschnitte ein. Die Gedicht-strophen kannst du als Abschnitte benutzen; unterteile sie nochmals, wenn es sich um lange Strophen handelt. Ziehe im Text auf Seite 20 am Ende jedes Abschnitts mit dem Bleistift eine Querlinie, damit du deine Abschnitte deutlich sehen kannst.
Auffälliges entdecken	Schreibe auf, was dir an dem Gedichttext auffällt. Sieh dir dazu den Reim genauer an, beachte Wiederholungen…

_____

_____

_____

Signalwörter suchen	Suche dir Stichwörter, die dir beim auswendigen Aufsagen als Gedächtnisstützen helfen.

_____

_____

_____

durch Üben einprägen	Lerne das Gedicht auswendig. Sprich es immer wieder laut und benutze die Abdeckstreifen.
das Vortragen laut üben	Übe das Vortragen. Stelle dir wieder vor, du müsstest das Gedicht vor deiner Klasse vortragen. Sprich deshalb deutlich und betont. Benütze dabei auch deine Signalwörter als Gedächtnisstützen.

3. Aufgabe
Du sollst das Tanzlied „Wenn der Elefant in die Disco geht" auswendig lernen.

Tanzlied   (Text und Musik: Klaus Hoffmann)

Wenn der Elefant in die Disco geht,
weißt du, wie er sich auf der Tanzfläche dreht?
Ganz gemütlich setzt er einen vor den andern Schuh
und schwingt seinen Rüssel im Takt dazu.
Eins, zwei, drei, vier, der Elefant ruft: „Kommt und tanzt mit mir!"
Fünf, sechs, sieben, acht, und alle haben mitgelacht.

Wenn der Bär in die Disco geht,
weißt du, wie er sich auf der Tanzfläche dreht?
Die Vordertatzen hebt er und brummt ganz leis
und dreht sich langsam um sich selbst im Kreis.
Eins, zwei, drei, vier, der Bär ruft: „Kommt und tanzt mit mir!"
Fünf, sechs, sieben, acht, und alle haben mitgelacht.

Wenn der Affe in die Disco geht,
weißt du, wie er sich auf der Tanzfläche dreht?
Er baumelt mit den Armen und hüpft ein Stück
nach links und nach rechts, vor, wieder zurück.
Eins, zwei, drei, vier, der Affe ruft: „Kommt und tanzt mit mir!"
Fünf, sechs, sieben, acht, und alle haben mitgelacht.

den Sinn verstehen	Lies das Lied zunächst mehrmals laut. Fasse dann kurz zusammen, worum es in dem Text geht.

_____

_____

_____

_____

in Lernabschnitte gliedern	Teile dir das Lied in Lernabschnitte ein. Die Gedichtstrophen kannst du als Abschnitte benutzen; unterteile sie nochmals, wenn die Strophen sehr lang sind. Ziehe im Text auf Seite 22 am Ende jedes Abschnitts mit dem Bleistift eine Querlinie, damit du deine Abschnitte deutlich sehen kannst.
Auffälliges entdecken	Schreibe auf, was dir an dem Liedtext auffällt.

_____

_____

Signalwörter suchen	Suche dir Stichwörter, die dir beim auswendigen Aufsagen als Gedächtnisstützen helfen.

_____

_____

_____

durch Üben einprägen	Lerne das Lied auswendig. Sprich es immer wieder laut und benutze wieder die Abdeckstreifen.
das Vortragen laut üben	Übe das Vortragen oder, wenn du die Melodie kennst, das Vorsingen. Stelle dir vor, du müsstest das Lied vor deiner Klasse vortragen. Sprich deshalb deutlich und betont. Benütze dabei auch deine Signalwörter als Gedächtnisstützen.

Vokabeln einprägen

Darum geht es:

Als „Vokabeln" bezeichnet man die einzelnen Wörter einer Sprache. In der Schule musst du dir Vokabeln merken, wenn du eine Fremdsprache lernst oder wenn es sich um Fremdwörter oder Fachausdrücke handelt.

Mit der Weltsprache Englisch kannst du dich in den meisten Ländern der Erde verständigen. Das nützt dir natürlich nur dann etwas, wenn du diese **Fremdsprache** gelernt hast. Dazu ist es nötig, dass du dir die englischen Übersetzungen für unsere deutschen Begriffe einprägst, also Vokabeln lernst. Wichtig ist aber auch, dass du möglichst viele dieser Vokabeln möglichst lange behältst.

Fremdwörter sind solche Wörter, die aus anderen Sprachen in die deutsche Sprache übernommen wurden und die nun zum deutschen Sprachgebrauch gehören. Das Wort „Etage" kommt beispielsweise aus dem Französischen. Es bedeutet soviel wie „Stockwerk". Das muss man ganz einfach wissen, sonst versteht man nicht, wovon die Rede ist.

Auch **Fachausdrücke** aus verschiedenen Bereichen, wie zum Beispiel aus dem Sport oder der Technik, muss man sich merken. Schließlich willst du mitreden können, wenn im Radiogeschäft von *Hi-Fi* oder bei der Weltraumfahrt vom *Countdown* oder in der Leichtathletik vom *Sprint* oder beim Autokauf vom *Hubraum* die Rede ist. Und auch die Lehrer benutzen zahlreiche Fachausdrücke, die du kennen musst, um dem Unterricht folgen zu können.

Darauf kommt es an:

Oft fällt es nicht leicht, die vielen Vokabeln in den Kopf hineinzubringen und zu behalten.

Hilfreich ist es, ein Vokabelheft zu führen. Man nimmt dazu am besten ein kleines DIN-A6-Heft, in dem die Seiten in der Mitte durch einen Strich senkrecht geteilt sind. Darin werden die fremden Wörter und ihre deutsche Bedeutung nebeneinander geschrieben, so dass man sie immer leicht zusammen lesen kann. Wenn du die Wörter in das Heft einträgst, prägen sie sich schon beim Schreiben etwas ein.

Damit die Liste der Wörter, die auf einmal zu behalten sind, nicht zu groß ist, solltest du die Wörter in leicht überschaubare

Lernabschnitte einteilen. Dazu kannst du dir beispielsweise immer nach etwa 5 Wörtern einen Querstrich ziehen und dann diese 5 Wörter mit ihren Übersetzungen auswendig lernen. Auch das Auswendiglernen geht mit diesem Vokabelheft sehr gut. Wenn du jeweils eine Hälfte des Blattes bis zum Mittelstrich abdeckst, kannst du die abgedeckten Übersetzungen aus dem Gedächtnis ergänzen und notfalls nachschauen, wenn du etwas nicht mehr weißt. Ergänze die deutsche Bedeutung so oft, bis du nicht mehr nachsehen musst. Zur Kontrolle deckst du anschließend die Hälfte ab, die zuvor sichtbar war, und ergänzt die Teile, die nun abgedeckt sind.

Bestimmt gibt es Wörter, die du dir schwer merkst und die du immer wieder vergisst. Dafür gibt es zwei Hilfen: Kennzeichne dir diese Wörter durch Ankreuzen. Dann überblickst du am Ende leicht, welche Wörter du am Schluss nochmals besonders kontrollieren musst. Oder schreibe dir einen kurzen Satz auf, in dem das schwierige Wort vorkommt. Ein Wort im Zusammenhang mit einem Satz zu behalten, ist leichter. Wichtig ist, dass du alle Wörter, besonders aber die als schwierig gekennzeichneten, öfter wiederholst, damit sie im Gedächtnis bleiben.

Es ist gut, ein **Vokabelheft** zu führen.
Schreiben trägt zum besseren Einprägen bei.
Lernabschnitte und **Abdecken** helfen beim Auswendiglernen.
Wiederholen trägt zum besseren Behalten bei.

Das musst du üben:

Vokabeln über die 6 Arbeitsschritte einprägen:

- ins Vokabelheft eintragen

- in überschaubare Lernabschnitte einteilen

- abdecken und lernen

- schwierige Wörter kennzeichnen

- schwierige Wörter im Satzzusammenhang gebrauchen

- das Gelernte wiederholen

1. Aufgabe Du sollst einige Wörter der englischen Sprache
mit ihren Bedeutungen lernen.

Präge dir diese Vokabeln in den 6 Arbeitsschritten ein.

> feeding time = Fütterungszeit - budgie = Kanarienvogel
> dangerous = gefährlich - pets = Haustiere
> cage = Käfig - go for a walk = rausgehen, spazieren gehen
> funny = lustig - farm animals = Tiere auf dem Bauernhof
> zoo keeper = Tierwärter - rare animals = seltene Tiere

*ins Vokabelheft
eintragen*

Trage die Begriffe in die Tabelle ein.

Englisches Wort	Deutsche Bedeutung

*in Lernabschnitte
einteilen*

Ziehe in dieser Tabelle immer nach 4 Vokabeln einen Querstrich. Wie viele Lernabschnitte entstehen?
Antwort: Es entstehen _____ Lernabschnitte.

*abdecken
und lernen*

Lerne nun die Wörter des ersten Lernabschnitts mit ihren
Bedeutungen auswendig. Decke dazu die rechte Seite ab.
Wenn du das Abgedeckte immer richtig ergänzen kannst, dann
decke die linke Seite ab und ergänze die englischen Wörter.
Wenn du alle Ergänzungen immer richtig hast, dann mache es
mit den nächsten Lernabschnitten genauso.

*schwierige Wör-
ter kennzeichnen*

Kreuze alle englischen Wörter an, die du nicht so leicht
behalten hast.

schwierige Wörter im Satz-zusammenhang gebrauchen

Hier findest du für jeden der englischen Begriffe ein Beispiel, wie man ihn im Zusammenhang eines Satzes schreiben kann, um ihn besser zu behalten. Trage das passende englische Wort ein.

Dogs and cats are _____ .

I must clean the _____ of my pet every morning.

Guinea-pigs are _____ pets.

You can talk to a _____ .

You must _____ with your dog every day.

There are many _____ in the zoo.

The _____ cares for the animals.

_____ at the zoo is at twelve o'clock.

Pigs and cows are _____ .

Lions are very _____ animals.

das Gelernte wiederholen

Wiederhole jetzt alle Wörter noch einmal. Decke dazu jeweils eine Seite der Vokabelheftspalten ab und ergänze die verdeckten Wörter aus dem Gedächtnis. Kontrolliere besonders die angekreuzten, schwierigen Wörter. Füge bei allen Wörtern, die du bei dieser Wiederholung falsch machst oder nicht mehr weißt, noch ein zweites Kreuz hinzu. Diese Wörter musst du in den nächsten Tagen unbedingt nochmals überprüfen.

2. Aufgabe

Du sollst oft verwendete Fremdwörter und ihre Bedeutung lernen.

Präge dir diese Fremdwörter in den 6 Arbeitsschritten ein.

Orthographie = Rechtschreibung - kreativ = schöpferisch
formulieren = in Worten ausdrücken - Symbol = Zeichen
Kooperation = Zusammenarbeit - Grafik = Schaubild
effektiv = wirkungsvoll - Problem = Schwierigkeit
Strategie = Vorgehensweise - Kontakt = Verbindung

ins Vokabelheft eintragen

Trage die Begriffe zuerst in die Tabelle ein.

Fremdwort	Bedeutung

in Lernabschnitte einteilen

Teile dir die Wortreihe durch Querstriche in Lernabschnitte ein.

abdecken und lernen

Lerne nun die Wörter des ersten Lernabschnitts mit ihren Bedeutungen auswendig. Decke dazu die rechte Seite ab. Wenn du das Abgedeckte immer richtig ergänzen kannst, dann decke die linke Seite ab und ergänze die Fremdwörter. Wenn du alle Ergänzungen immer richtig hast, dann mache es mit den nächsten Lernabschnitten genauso.

schwierige Wörter kennzeichnen

Kreuze alle Fremdwörter an, die du nicht so leicht behalten hast.

Hier findest du für jedes der Fremdwörter ein Beispiel, wie man es im Zusammenhang eines Satzes verwenden kann, um es besser zu behalten. Trage das passende Fremdwort ein.

Darum geht es in der Schule:

Die Schule vermittelt nicht nur Kenntnisse, sondern auch

_____ , wie man lernt. Wenn man solche

Vorgehensweisen kennt, kann man _____ lernen.

Wichtig ist auch die Fähigkeit zur _____ mit

anderen. Dabei muss man mit anderen _____ auf-

nehmen, um _____ gemeinsam zu lösen.

In den Schulbüchern bestehen Arbeitsanweisungen oft aus

_____ , weil sie anschaulich sind und Platz sparen.

Zahlenangaben werden gerne als _____ dargestellt.

Beim Aufsatz kommt es darauf an, dass die Sätze sorgfältig

_____ werden. Weil Fehler keinen guten

Eindruck machen, ist die _____ wichtig.

Im Fach Kunst sind besonders _____ Einfälle gefragt.

Wiederhole jetzt alle Wörter noch einmal. Decke dazu jeweils eine Seite der Vokabelheftspalten ab und ergänze die verdeckten Wörter aus dem Gedächtnis. Kontrolliere besonders die angekreuzten, schwierigen Wörter. Füge bei allen Wörtern, die du bei dieser Wiederholung falsch machst oder nicht mehr weißt, noch ein zweites Kreuz hinzu. Diese Wörter musst du in den nächsten Tagen unbedingt nochmals überprüfen.

*Überredet:
Die angekreuzten
Wörter wiederhole ich
morgen noch mal.*

3. Aufgabe Du sollst einige Fachausdrücke der Grammatik lernen.

Diese Begriffe wollte ich mir immer schon mal merken!

Präge dir diese Fachausdrücke in den 6 Arbeitsschritten ein.

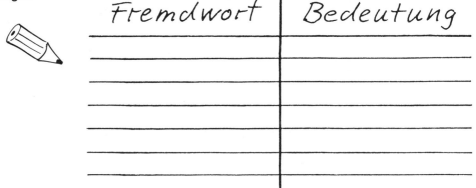

Substantiv = Hauptwort/Namenwort - Singular = Einzahl
Plural = Mehrzahl - Artikel = Begleiter/Geschlechtswort
Adjektiv = Eigenschaftswort - Konjunktion = Bindewort
Verb = Zeitwort/Tätigkeitswort/Tunwort
Infinitiv = Grundform/Nennform des Verbs
Personalform = die Person kennzeichnende Form des Verbs

ins Vokabelheft eintragen

Trage die Begriffe zuerst in die Tabelle ein.

Fremdwort	Bedeutung

in Lernabschnitte einteilen

Teile dir die Wortreihe durch Querstriche in Lernabschnitte ein.

abdecken und lernen

Lerne nun die Wörter des ersten Lernabschnitts mit ihren Bedeutungen auswendig. Decke dazu die rechte Seite ab. Wenn du das Abgedeckte immer richtig ergänzen kannst, dann decke die linke Seite ab und ergänze die verdeckten Fachbegriffe. Wenn du alle Ergänzungen immer richtig hast, dann mache es mit den nächsten Lernabschnitten genauso.

schwierige Wörter kennzeichnen

Kreuze alle Fachausdrücke an, die du nicht so leicht behalten hast.

Hier findest du für jeden der Fachausdrücke ein Beispiel, wie man ihn im Zusammenhang eines Satzes verwenden kann, um ihn besser zu behalten. Trage den passenden Fachausdruck ein.

Das Wort „schön" bezeichnet eine Eigenschaft. Man nennt es

_____ .

Das Wort „schreiben" bezeichnet eine Tätigkeit. Man nennt es

_____ .

Die Wortform „gehst" passt nur zu der Person „du", die Wortform „gehe" passt nur zur Person „ich". Die Verbformen „gehst" und „gehe" sind daher

_____ des Verbs.

Mit der Wortform „gehen" kannst du das Verb nennen, ohne dass es nur auf eine bestimmte Person passt. Die Wortform

„gehen" heißt _____ .

Der Satz „Wir gehen heute ins Schwimmbad, denn die Sonne scheint" besteht eigentlich aus 2 Sätzen. Der 1. Satz lautet: „Wir gehen heute ins Schwimmbad". Der 2. Satz lautet: „Die Sonne scheint". Das Wörtchen „denn" verbindet diese zwei Sätze zu einem.

Ein solches Verbindungswort heißt _____ .

Das Wort „Buch" bezeichnet einen Gegenstand. Es ist deshalb

ein _____ .

Die Wörtchen „der/die/das" begleiten Substantive. Sie heißen

_____ .

Wenn du „Haus" sagst, meinst du nur eines. Die Wortform

„Haus" ist deshalb_____ .

Wenn du aber „Häuser" sagst, meinst du mehrere. Die Wortform „Häuser" ist _____ .

Wiederhole jetzt alle Wörter noch einmal. Decke ab und achte besonders auf die angekreuzten Wörter. Vergiss nicht, ein zweites Kreuz zu machen, wenn du dir ein angekreuztes Wort immer noch nicht gut merken kannst. Denke daran, es später noch einmal zu überprüfen.

4. Aufgabe Du sollst einige Fachausdrücke aus der Mathematik lernen.

Präge dir diese Fachausdrücke in den 6 Arbeitsschritten ein.

addieren = zusammenzählen - subtrahieren = abziehen
multiplizieren = malnehmen - dividieren = teilen
Summe = Ergebnis des Zusammenzählens
Differenz = Ergebnis des Abziehens
Produkt = Ergebnis des Malnehmens
Quotient = Ergebnis des Teilens
positive Zahl = Zahl größer Null

ins Vokabelheft eintragen

Trage die Begriffe zuerst in die Tabelle ein.

Fremdwort	Bedeutung

in Lernabschnitte einteilen

Teile dir die Wortreihe durch Querstriche in Lernabschnitte ein.

abdecken und lernen

Lerne nun die Wörter des ersten Lernabschnitts mit ihren Bedeutungen auswendig. Decke dazu die rechte Seite ab. Wenn du das Abgedeckte immer richtig ergänzen kannst, dann decke die linke Seite ab und ergänze die verdeckten Fachausdrücke. Wenn du alle Ergänzungen immer richtig hast, dann mache es mit den nächsten Lernabschnitten genauso.

schwierige Wörter kennzeichnen

Kreuze alle Fachausdrücke an, die du nicht so leicht behalten hast.

Hier findest du für jeden der Fachausdrücke ein Beispiel, wie man ihn im Zusammenhang eines Satzes schreiben könnte, um ihn besser zu behalten. Trage den passenden Fachausdruck ein.

Beim Sammeln für Kinder in Not bringt deine Klasse eine

große _____ zusammen.

Ein Ladenbesitzer muss jeden Abend den Umsatz feststellen. Deshalb muss er die Ausgaben vom Anfangsbetrag

_____ .

In der Wüste sind Temperaturen um +40 Grad Celsius keine
Seltenheit. Zahlen, die über Null liegen, werden als

_____ bezeichnet.

Muss man in einer Aufgabe zwanzigmal die gleichen Zahlen

_____ ,so kann man diese Aufgabe auch durch

_____ lösen.

*Unser
Mathelehrer
wird von den
Socken sein…*

*…wenn wir
die Fach-
ausdrücke
alle kennen!*

Bei den folgenden Aufgaben „6 · 5, 3 · 8, 12 · 6, 7 · 9" sollst du

das _____ ausrechnen.

Beim _____ des Gewinnes erhalten alle Mitspieler ihren Anteil.

Sven ist 9 cm größer als der gleichaltrige Fred. Das ist eine

große _____ ihrer Körpergröße.

Bei der Divisionsaufgabe „560 : 80" ist 7 der

_____ dieser Aufgabe.

Wiederhole jetzt alle Wörter noch einmal. Decke ab und achte besonders auf die angekreuzten Wörter. Vergiss nicht, ein zweites Kreuz zu machen, wenn du dir ein angekreuztes Wort immer noch nicht gut merken kannst. Denke daran, es später noch einmal zu überprüfen.

Den Inhalt eines Textes wiedergeben

Darum geht es:

Im Unterricht, aber auch außerhalb der Schule, kommt es oft vor, dass man jemandem den Inhalt eines Textes mitteilen möchte, den der Betreffende nicht selbst gelesen hat. Dann kann man natürlich nicht alles ganz ausführlich erzählen, sondern muss sich auf Wichtiges beschränken und unwichtige Dinge weglassen. Um diese verkürzte Inhaltsangabe geht es, wenn du einen Text wiedergeben sollst.

Darauf kommt es an:

Diese Aufgabe kannst du dann besonders gut ausführen, wenn du den Sinn des Textes richtig *verstanden* hast. Wichtig ist auch, den Text zu *gliedern,* damit er für dich besser überschaubar wird. Dies kann dadurch geschehen, dass du Abschnitte des Textes erkennst, die von derselben Sache handeln. Wenn du dir klarmachst, worum es in jedem Abschnitt geht, wird dir der Aufbau des Textes besonders deutlich.

Gedächtnisstützen sind für das Wiedergeben von Texten ebenfalls nützlich. Dazu dienen *Stichwörter* von wichtigen Angaben, die in den einzelnen Abschnitten vorkommen. Mit Hilfe dieser Stichwörter kannst du das Wiedergeben des Textes durch lautes Sprechen *üben.*

Dass du Texte wiedergeben musst, kann dir im Deutschunterricht, aber auch in anderen Fächern, wie zum Beispiel im Erdkundeunterricht, als Aufgabe gestellt werden. Du findest deshalb auf den nächsten Seiten ganz unterschiedliche Texte aus verschiedenen Fächern als Beispiele für das Üben.

> **Verstandenes** ist leichter zu erzählen als Unverstandenes.
> **Gegliedertes** ist überschaubarer als Ungegliedertes.
> **Stichwörter** helfen beim Erinnern und Erzählen.
> **Üben** fördert das Geschick, den Inhalt von Texten wiederzugeben.

Das musst du üben:

- den Sinn des Textes verstehen
- den Text in Abschnitte gliedern
- die Abschnitte benennen
- nach Stichwörtern suchen
- das Wiedergeben laut üben

Beispiel

Du sollst die Fabel „Der Löwe und die Stiere", erzählt nach Johann Gottfried Herder, wiedergeben.

Der Löwe und die Stiere

Eine enge Freundschaft verband vier kräftige Stiere. Ein Löwe beobachtete sie und seine Begierde nach ihnen wuchs von Tag zu Tag. „Diese acht spitzen Hörner", sagte er sich aber, „sind gefährlich. Sie könnten mich sogar töten, wenn sie mich
5 gemeinsam angreifen."
Da kam ihm eine Idee. Er verbarg sich am Rand der Weide und wartete geduldig, bis sich einer von den anderen ein wenig entfernte. Dann schlich er hin und flüsterte dem Stier zu: „Ah, du bist es, den die anderen drei verspotten." Dem nächsten
10 Stier erzählte er: „Die anderen drei sind eifersüchtig auf dich, weil du größer und schöner bist als sie."
Am Anfang hörten die Stiere nicht auf den Löwen, aber bald fingen sie an, sich gegenseitig zu misstrauen. Sie gingen nicht mehr gemeinsam auf die Wiese und nachts rückten sie voneinan-
15 der ab. Das alles machte sie noch viel misstrauischer und jeder dachte von den anderen: Sie warten auf eine Gelegenheit, mir ein Leid anzutun.
Als der Löwe schließlich die Nachricht verbreitete, die vier Stiere wollten sich gegenseitig bekämpfen, weil jeder der
20 Stärkste sein wollte, da fielen sie einander sofort in heller Wut an. Und bald sahen die vier prächtigen Stiere nicht mehr prächtig aus.
Als der Löwe einen von ihnen anfiel und tötete, kamen die anderen ihrem Gefährten nicht zu Hilfe. Der Löwe zerriss bald
25 danach den Zweiten, dann tötete er den Dritten und auch der Vierte wurde in einigen Tagen das Opfer des Löwen.

Die folgenden 5 Schritte helfen dir dabei, den Inhalt dieser Fabel wiederzugeben. Zunächst findest du die Arbeitsaufträge. Danach sind für dieses erste Beispiel Lösungsvorschläge eingetragen, damit du siehst, wie man die Aufträge lösen kann.

den Sinn verstehen

Lies den Text zunächst aufmerksam durch. Fasse dann kurz zusammen, worum es in dem Text geht.
Zum Beispiel so: In der Fabel gelingt es dem Löwen, vier Stiere zu töten, die zusammen eigentlich stärker sind als er. Er schafft es dadurch, dass er Misstrauen unter die Stiere bringt, so dass sie sich nicht gegenseitig helfen.

in Abschnitte gliedern

Suche nach Möglichkeiten, den langen Text in einzelne Teile zu gliedern. Vorhandene Abschnitte kannst du benutzen.
Zum Beispiel so: In diesem Text kannst du alle vorhandenen Abschnitte benutzen. Mache diese Gliederung sichtbar, indem du auf Seite 36 nach jedem Abschnitt eine Querlinie ziehst.

1. Abschnitt: bis Zeile _____

2. Abschnitt: bis Zeile _____

3. Abschnitt: bis Zeile _____

4. Abschnitt: bis Zeile _____

5. Abschnitt: bis Zeile _____

die Abschnitte benennen

Gib kurz an, worum es in jedem einzelnen Abschnitt geht.
Zum Beispiel so:
1. Der Löwe überdenkt seine Chancen.
2. Der Löwe flüstert mit den Stieren.
3. Die Stiere werden misstrauisch gegeneinander.
4. Die Stiere kämpfen gegeneinander.
5. Der Löwe tötet die Stiere.

Stichwörter suchen

Entscheide, welche wichtigen Wörter beim Wiedergeben eines Abschnittes vorkommen sollen, und schreibe solche Wörter auf.
Zum Beispiel so:
1. Stichwörter: Freunde, spitze Hörner
2. Stichwörter: verspotten, eifersüchtig
3. Stichwörter: misstrauisch, abrücken
4. Stichwörter: Wut – Kampf – nicht mehr prächtig
5. Stichwörter: alle nacheinander Opfer

das Wiedergeben laut üben

Übe das Wiedergeben. Stelle dir vor, du müsstest jemandem den Inhalt des Textes erzählen, der ihn nicht kennt. Sprich deutlich, auch wenn dir im Moment niemand zuhört. Nimm die Einteilung in Abschnitte und die Stichwörter zu Hilfe.

Ich wollt', ich wäre du, Marktfrau. Du stehst da so freundlich und heiter und verkaufst deine Blumen und dein Obst und alles ist klar. Du brauchst kein schlechtes Gewissen zu haben. Du musst nicht zur Schule gehen mit dem Gefühl, dass der

5 große Krach kommt; dass du aufgerufen wirst und versagst; dass sie dir den Brief geben, in dem steht: Versetzung gefährdet. Du bist schon groß und dir kann keiner.

Ich wollt', ich wäre du, Kundin. Du kommst hübsch und gepflegt über den Markt, dein Kind an der Hand, und suchst

10 dir in Ruhe die schönsten Äpfel aus. Du hast keine Geldsorgen, du musst dir keine Gedanken darüber machen, wie du morgen die neue Ware bezahlen sollst und nächste Woche den Standplatz hier. Du hast keine schmerzenden Beine und dauernd Angst, dass der Arzt sagt: Schluss jetzt mit

15 der Steherei auf dem Markt. Was soll dann werden?

Ich wollt', ich wäre du, Autofahrer an der Ampel. Dein Wagen ist elegant und schnell, ein Wagen, wie Erfolgreiche ihn haben. Du bist nicht eingesperrt mit Haushalt und Kindern, du kennst nicht diese Langeweile, die einen erdrückt, wenn ein

20 Tag vergeht wie der andere. Du weißt nicht, wie es ist, ohne Aufgabe zu sein, ohne Abwechslung, ohne Abenteuer, nur mit der Aussicht, dass es immer so bleibt, wie es jetzt ist.

Ich wollt', ich wäre du, Kind mit der Schulmappe. Du gehst so langsam über die Straße wie jemand, der Zeit hat, ein Leben

25 lang Zeit. Du musst nicht hetzen von einer Sache zur anderen und jede halbgetan zurücklassen, weil die nächste wartet; du kennst nicht die Angst, es nicht zu schaffen, überholt zu werden, verbraucht zurückzubleiben. Du musst nicht zittern vor dem Augenblick, der der letzte sein könnte. Ich wollt', ich

30 wäre du, Kind mit der Schulmappe!

| den Sinn verstehen | Lies den Text zunächst aufmerksam durch. Fasse dann kurz zusammen, worum es in dem Text geht. |

_____

_____

_____

_____

_____

in Abschnitte gliedern

Suche nach Möglichkeiten, den langen Text in einzelne Teile zu gliedern. Benutze dabei auch Abschnitte, die schon vorhanden sind, oder teile in eigene Abschnitte ein. Ziehe im Text auf Seite 38 am Ende jedes Abschnittes mit dem Bleistift eine Querlinie, damit du deine Abschnitte deutlich sehen kannst.

die Abschnitte benennen

Gib kurz an, worum es in jedem einzelnen Abschnitt geht.

_____

_____

_____

_____

_____

Stichwörter suchen

Entscheide, welche wichtigen Wörter beim Wiedergeben eines Abschnittes vorkommen sollen, und schreibe diese Stichwörter auf.

_____

_____

_____

_____

das Wiedergeben laut üben

Übe das Wiedergeben. Stelle dir vor, du willst jemandem den Inhalt des Textes erzählen, der ihn nicht kennt.
Nimm deine Einteilung in Abschnitte und deine Stichwörter zu Hilfe.

2. Aufgabe

Du sollst im Fach Biologie den Sachtext „Säugetiere im Winter" wiedergeben.

Säugetiere im Winter

Einige unserer Säugetiere halten einen *Winterschlaf.* Dieser Winterschlaf ist aber kein normaler Ruheschlaf, sondern eine schlafähnliche Anpassung an die nahrungsarme Winterzeit. Allerdings sind nur wenige Säugetiere Winterschläfer. Zu ihnen
5 zählt beispielsweise der Igel, der sich einen geschützten Schlafplatz sucht. Besonders lang, nämlich von September bis April, schläft das Murmeltier im Hochgebirge. Nicht umsonst sagt die Redensart: „Jemand schläft wie ein Murmeltier!" Während des Winterschlafs sinkt die Körpertemperatur dieser Tiere ab und
10 Herz- und Atemtätigkeit sind vermindert. Sie brauchen deshalb auch keine besondere Nahrung. Sie zehren während des Winterschlafs von ihrem Körperfett, das sie sich angefressen haben.
Andere Säugetiere halten *Winterruhe.* Zu ihnen gehören das
15 Eichhörnchen und der Dachs. Man hat festgestellt, dass die Körpertemperatur dieser Tiere gleichbleibt und nicht absinkt. Sie verbringen lediglich sehr kalte, nahrungsarme Zeiten in einem verlängerten, ganz normalen Ruheschlaf und ernähren sich von ihren gesammelten Vorräten, wenn sie zwischendurch
20 aufwachen.
Aber es gibt auch Säugetiere, die ihr *normales Leben* weiterführen und weder Winterschlaf noch Winterruhe halten. Ihr Haarkleid wird jedoch zum Winter durch viele zusätzliche Wollhaare zu einem dichten Fell, das sie schützt. Dies verhindert,
25 dass die Tiere ihre Körperwärme verlieren, die auch in kalten Zeiten mit 36-38 Grad Celsius gleich warm bleibt.

den Sinn verstehen

Lies den Text zunächst aufmerksam durch. Fasse dann kurz zusammen, worum es in dem Text geht.

_____

_____

_____

in Abschnitte gliedern

Suche nach Möglichkeiten, den langen Text in einzelne Teile zu gliedern. Benutze dabei auch Abschnitte, die schon vorhanden sind, oder teile in eigene Abschnitte ein. Ziehe im Text auf Seite 40 am Ende jedes Abschnittes mit dem Bleistift eine Querlinie, damit du deine Abschnitte deutlich sehen kannst.

die Abschnitte benennen

Gib kurz an, worum es in jedem einzelnen Abschnitt geht.

_____

_____

_____

_____

Stichwörter suchen

Entscheide, welche wichtigen Wörter beim Wiedergeben eines Abschnittes vorkommen sollen, und schreibe Stichwörter auf.

_____

_____

_____

_____

das Wiedergeben laut üben

Übe das Wiedergeben. Stelle dir vor, du willst jemandem den Inhalt des Textes erzählen, der ihn nicht kennt.
Nimm deine Einteilung in Abschnitte und deine Stichwörter zu Hilfe.

3. Aufgabe

Du sollst im Fach Erdkunde den Sachtext „Wie die verschiedenen Niederschläge entstehen" wiedergeben.

Wie die verschiedenen Niederschläge entstehen

Niederschläge entstehen immer aus den Wolken. Die Art der Niederschläge auf unserer Erde hängt besonders von der Temperatur ab.
Warme, trockene Luft bringt auf der Erde Wasser zum Verduns-
5 ten. Der Wasserdampf, der entsteht, ist leichter als Luft und steigt deshalb auf. Wenn sich die Luft aber in den oberen Schichten abkühlt, bilden sich wieder Wassertröpfchen. Wir nehmen sie als Wolken wahr. Diesen Vorgang nennt man Kondensation. Wenn diese Wassertropfen so schwer werden,
10 dass sie nicht mehr zu schweben vermögen, dann fallen sie als Niederschlag: Es regnet. Ähnlich ist es bei der Entstehung von Schnee. Schnee ist nicht, wie mancher glauben mag, gefrorener Regen. Es schneit vielmehr, wenn sich die oberen Luftschichten am Himmel sehr schnell unter 0 Grad Celsius abkühlen. Dann
15 verwandelt sich der aufsteigende Wasserdampf nämlich nicht in Wassertropfen, sondern in Schneekristalle: Es schneit. Gefro-
renen Regen gibt es als Niederschlag allerdings auch. Man nennt diese Form des Niederschlags Graupel. Er entsteht, wenn die Regentropfen während des Falls zur Erde durch Abkühlung
20 gefrieren. Schließlich kennen wir auch noch den Hagel als Niederschlag. Wenn der Wind die Regentropfen immer wieder in die Höhe wirbelt, wo es kälter ist, dann gefrieren sie. Beim Heruntersinken bleibt immer wieder eine neue Schicht Wasser an ihnen hängen. Wenn sich dieser Vorgang oft genug wieder-
25 holt hat, sind die gefrorenen Tropfen schließlich so dick und schwer geworden, dass sie nicht mehr schweben können und als Hagelkörner zu Boden fallen. Diese Hagelbildung tritt haupt-
sächlich bei Gewittern im Sommer auf.

den Sinn verstehen	Lies den Text zunächst aufmerksam durch. Fasse dann kurz zusammen, worum es in dem Text geht.

_____

_____

_____

_____

in Abschnitte gliedern	Suche nach Möglichkeiten, den langen Text in einzelne Teile zu gliedern. Benutze dabei auch Abschnitte, die schon vorhanden sind, oder teile in eigene Abschnitte ein. Markiere im Text auf Seite 42 das Ende deiner Abschnitte. Aufgepasst, die Abschnitte gehen ohne Absatz ineinander über.
die Abschnitte benennen	Gib kurz an, worum es in jedem einzelnen Abschnitt geht.

_____

_____

_____

_____

_____

Stichwörter suchen	Entscheide, welche wichtigen Wörter beim Wiedergeben eines Abschnittes vorkommen sollen, und schreibe Stichwörter auf.

_____

_____

_____

_____

_____

das Wiedergeben laut üben	Übe das Wiedergeben. Stelle dir vor, du müsstest jemandem den Inhalt des Textes erzählen, der ihn nicht kennt. Nimm deine Einteilung in Abschnitte und deine Stichwörter zu Hilfe.

Rechtschreibfehler vermeiden

Darum geht es:

Rechtschreiben ist in der Schule sehr wichtig. Im Fach Deutsch ist das richtige Schreiben Voraussetzung für gute Noten.
Ebenso wichtig ist die Beherrschung der Rechtschreibung aber auch im täglichen Leben. Schließlich macht es keinen guten Eindruck, wenn man in einem Brief an Bekannte oder Behörden oder gar in Bewerbungen um eine Arbeitsstelle dumme Rechtschreibfehler macht.

Darauf kommt es an:

Im Rechtschreibunterricht in der Schule lernst du eine Menge über die Schreibweise der Wörter. Und in den Lehrbüchern des Faches Deutsch findest du einzelne Regeln der deutschen Rechtschreibung.
Um Rechtschreibhilfen für Einzelfälle geht es in diesem Kapitel aber nicht. Hier geht es vielmehr darum, was du tun kannst, wenn du dir unsicher bist, wie ein Wort geschrieben wird.

Am wichtigsten ist es zunächst, dass du dir das betreffende Wort selbst deutlich vorsprichst. **Deutliches Sprechen** hilft dabei, die einzelnen Buchstaben des Wortes zu erkennen. *Leider* genügt das Vorsprechen aber noch nicht, um Fehler zu vermeiden. Drei häufige Rechtschreibprobleme können durch deutliches Sprechen allein nämlich nicht gelöst werden:
Erstens hört man beim Sprechen nicht, ob ein Wort am Wortanfang groß oder klein geschrieben wird. Hier nützt es in vielen Fällen, wenn du die **Wortarten unterscheiden** kannst. Besonders wichtig ist es, dass du sofort erkennst, wenn es sich um ein Substantiv handelt.
Zweitens kann man beim Sprechen ähnlich klingende Buchstaben nur schwer unterscheiden.
Das „b" im Wort „Stab" klingt zum Beispiel ähnlich wie ein „p". Auch gibt es Buchstaben, die anders ausgesprochen werden, als man sie schreibt. Bei „Vase" und bei „Vater" wird das „v" einmal wie „w" und einmal wie „f" ausgesprochen.
Und einige Buchstaben hört man auch überhaupt nicht, wie z. B. das „h" im Wort „Hahn".

Um solche Buchstaben zu entdecken, hilft es, **ähnliche Wörter zu suchen.** Du kannst aber auch Wörter **ableiten, verlängern** und **trennen.**

Und drittens gibt es besondere Regeln der Rechtschreibung, die man beim Sprechen nicht erkennt. Zum Beispiel gibt es die Regel, dass man in Briefen bestimmte Anredewörter groß schreibt. Um Fehler zu vermeiden, muss man diese **Regeln** kennen und richtig **anwenden.**

Wenn du diese wichtigen Methoden anwendest, wirst du schon eine große Zahl möglicher Rechtschreibfehler vermeiden. Um ganz sicher zu sein, wie ein Wort geschrieben wird, hilft nur eins: in einem **Wörterbuch nachschlagen.**

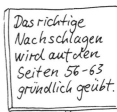

> So kannst du dir helfen, wenn du unsicher bist, wie ein Wort geschrieben wird:
> **Sprich** dir das Wort **deutlich vor.**
> **Bestimme die Wortart.**
> **Suche Ähnlichkeiten** zwischen Wörtern.
> **Mache** undeutliche und versteckte **Buchstaben hörbar.**
> Wende **Rechtschreibregeln** an.
> **Schlage nach,** um ganz sicher zu gehen.

Das musst du üben:

● Wörter nach ihrer Wortart unterscheiden

● Ähnlichkeiten zwischen Wörtern erkennen

● Buchstaben deutlich hörbar machen

● Rechtschreibregeln anwenden

● im Wörterbuch nachschlagen

Das richtige Nachschlagen wird auf den Seiten 56-63 gründlich geübt.

1. Aufgabe Du sollst Wörter nach ihrer Wortart unterscheiden.

Du musst drei Grundwortarten unterscheiden:
Das Wort „Haus" ist ein **Substantiv.**
Das Wort „gehen" ist ein **Verb.**
Das Wort „schön" ist ein **Adjektiv.**

Du kannst diese drei Wortarten an den folgenden Merkmalen erkennen:

Substantiv – Es heißt auch: Nomen, Hauptwort, Namenwort.
Dazu gehören: Lebewesen, Gegenstände, Namen, Gefühle und gedachte Dinge.
Zum Beispiel: Kind/Vogel, Lampe, Uwe, Freude/Liebe, Verstand.

Man kann auch den Artikel (der/die/das) davor setzen.
Zum Beispiel: das Kind, der Vogel, die Lampe.
Man kann Einzahlformen und Mehrzahlformen davon bilden.
Zum Beispiel: Kind/Kinder, Vogel/Vögel, Lampe/Lampen.

> **Substantive schreibt man immer mit großen Anfangs-buchstaben.**

Verb – Es heißt auch: Zeitwort, Tunwort, Tätigkeitswort.
Es kommt in der Grundform vor.
Zum Beispiel: gehen, atmen, machen, lesen, bauen, singen.
Und es kommt in der Personalform vor.
Zum Beispiel: (ich) gehe, (du) atmest, (er) macht, (sie) las,
(wir) bauten, (ihr) lacht, (sie haben) gesungen.

> **Verben schreibt man normalerweise mit kleinen Anfangsbuchstaben.**

Adjektiv – Es heißt auch: Eigenschaftswort, Wiewort.
Es kommt in der Grundform vor.
Zum Beispiel: schön, gut, weit.
Und es kommt in veränderten Formen vor.
Zum Beispiel: schöne (Kleider), gutes (Buch), weiter (Weg).

> **Adjektive schreibt man normalerweise mit kleinen Anfangsbuchstaben.**

Lösungsheft

Besser lernen
Die wichtigsten Lern-
und Arbeitstechniken
5. – 7. Schuljahr

von Gerhard Gölz
und Peter Simon

Etwas auswendig lernen

Seite 19:
Für das gesamte Kapitel „Etwas auswendig lernen" gilt:
Deine Lösungen müssen *nicht wörtlich* mit den folgenden Lösungen übereinstimmen. Abweichungen sind möglich. Dem Sinn nach sollten sie aber den Lösungsvorschlägen entsprechen.

den Sinn verstehen
Der Dichter beschreibt die Freude, die man empfindet, wenn es Frühling wird. Er vergleicht den Himmel mit einem blauen Band, das in der Luft flattert. Er spricht vom Blumenduft und den Veilchen, die bald kommen werden. Es kommt ihm so vor, als ob er Musik höre, die den Frühling ankündigt.

in Lernabschnitte gliedern
Als 1. Lernabschnitt kann man den ersten Satz nehmen, der die 1.–4. Zeile umfasst. Der 2. Lernabschnitt umfasst dann die restlichen Zeilen des Gedichts. Ziehe also nach der 4. Zeile eine Querlinie. So entstehen zwei Lernabschnitte.

Auffälliges entdecken
Im 1. Lernabschnitt reimen sich die 1. und 4. Zeile sowie die beiden dazwischen liegenden Zeilen. Im 2. Lernabschnitt reimen sich die 5. und 7. bzw. die 6. und 9. Zeile. Die vorletzte Zeile ist ohne Reim. Die drittletzte Zeile beginnt mit einem Strich. Hier soll eine Sprechpause beim Vortragen gemacht werden. Die letzten drei Zeilen sind Ausrufe.

Signalwörter suchen
Z. B.: Frühling – Band – flattern – Lüfte – Düfte – Veilchen – kommen – Harfenton – vernommen

Seite 21:
den Sinn verstehen
Weil es Winter ist, finden die Vögel draußen keine Nahrung mehr. Sperling, Buntspecht und Amsel kommen und klagen, dass sie in Not sind. Sie bitten um eine Spende und erinnern daran, welche guten Dienste sie den Menschen im Sommer geleistet haben. Die Kinder füttern sie und danken ihnen für diese Arbeit.

in Lernabschnitte gliedern
Sinnvoll ist es, jede Strophe nach der 4. Zeile zu unterteilen. Ziehe also in jeder Strophe nach der 4. Zeile eine Querlinie. So entstehen 6 Lernabschnitte.

Auffälliges entdecken
Das Gedicht hat drei Strophen. Jede Strophe besteht aus jeweils zwei wörtlichen Reden: Zunächst sprechen die Vögel (5 Zeilen), dann sprechen die Kinder (3 Zeilen).
Jede Strophe ist gleich aufgebaut:
1.–2. Zeile: Ein Vogel klagt seine Not.
Die Zeilen sind gleich, nur der Vogelname wechselt.
3.–5. Zeile: Der Vogel sagt, was er im Sommer für die Menschen Gutes geleistet hat. Er bittet um Nahrung.
Jede 3. Zeile beginnt mit: Und ich . . .
Der Anfang der 3. Zeile und die 5. Zeile sind gleich.
6.–8. Zeile: Die Kinder füttern und bedanken sich. Die 3 Zeilen sind gleich, nur der Vogel und die Nahrung wechseln.
(In der 2. Strophe reimt sich „vorn" nicht ganz mit „Wurm".)

Signalwörter suchen
Z. B.: 1. Strophe, 1.–4. Zeile: Sperling – rief Salatbeet
2. Strophe, 1.–4. Zeile: Buntspecht – Sauberkeit – Ungeziefer
3. Strophe, 1.–4. Zeile: Amsel – ganzer Sommer – sang
Jede Strophe, 5.–8. Zeile: Komm nach vorn – hier ist – Dank

Seite 23:
den Sinn verstehen
Das nicht ganz ernst zu nehmende Tanzlied beschreibt in lustiger Weise die Vorstellung, wie verschiedene Tiere in der Disco tanzen.

in Lernabschnitte gliedern
Jede Strophe lässt sich in 3 Lernabschnitte gliedern.
1. Zeile 1-2
2. Zeile 3-4
3. Zeile 5-6

Auffälliges entdecken
1. Die ersten beiden Zeilen fragen, reimen sich und lauten gleich, nur das Tier ist geändert.
2. Die 3. und 4. Zeile reimen sich und beschreiben das Tanzen.
3. Die letzten Zeilen reimen sich und lauten gleich, nur das Tier ist geändert. Beide Zeilen beginnen mit vier fortlaufenden Zahlen 1, 2, 3, 4 bzw. 5, 6, 7, 8.

Signalwörter suchen
1. Elefant – Disco geht – Tanzfläche dreht gemütlich – Schuh – Rüssel Takt dazu ruft: Kommt – tanzt
2. Bär – Disco geht – Tanzfläche dreht Vordertatzen – brummt leis ruft: Kommt - tanzt
3. Affe – Disco geht – Tanzfläche – dreht baumelt – mit Armen – hüpft – Stück links – rechts – vor – zurück ruft: Kommt – tanzt

Vokabeln lernen

Seite 26:

feeding time	Fütterungszeit
budgie	Kanarienvogel
dangerous	gefährlich
pets	Haustiere
cage	Käfig
go for a walk	rausgehen, spazieren gehen
funny	lustig
farm animals	Tiere auf dem Bauernhof
zoo keeper	Tierwärter
rare animals	seltene Tiere

Es entstehen 3 Lernabschnitte.

Seite 27:
Dogs and cats are *pets.*
I must clean the *cage* of my pet every morning.
Guinea-pigs are *funny* pets.
You can talk to a *budgie.*
You must *go for a walk* with your dog every day.
There are many *rare animals* in the zoo.
The *zoo keeper* cares for the animals.
Feeding time at the zoo is at twelve o'clock.
Pigs and cows are *farm animals.*
Lions are very *dangerous* animals.

Seite 28:

Orthographie	Rechtschreibung
kreativ	schöpferisch
formulieren	in Worten ausdrücken
Symbol	Zeichen
Kooperation	Zusammenarbeit
Grafik	Schaubild
effektiv	wirkungsvoll
Problem	Schwierigkeit
Strategie	Vorgehensweise
Kontakt	Verbindung

Es entstehen 3 Lernabschnitte.

Seite 29:

Die Schule vermittelt nicht nur Kenntnisse, sondern auch *Strategien*, wie man lernt. Wenn man solche Vorgehensweisen kennt, kann man *effektiv* lernen. Wichtig ist auch die Fähigkeit zur *Kooperation* mit anderen. Dabei muss man mit anderen Kontakt aufnehmen, um *Probleme* gemeinsam zu lösen.

In den Schulbüchern bestehen Arbeitsanweisungen oft aus *Symbolen,* weil sie anschaulich sind und Platz sparen. Zahlenangaben werden gerne als *Grafik* dargestellt. Beim Aufsatz kommt es darauf an, dass die Sätze sorgfältig *formuliert* werden. Weil Fehler keinen guten Eindruck machen, ist die *Orthographie* wichtig. Im Fach Kunst sind besonders *kreative* Einfälle gefragt.

Seite 30:

Der Eintrag ins Vokabelheft sieht so aus:

Substantiv	Hauptwort/Namenwort
Singular	Einzahl
Plural	Mehrzahl
Artikel	Begleiter/Geschlechtswort
Adjektiv	Eigenschaftswort
Konjunktion	Bindewort
Verb	Zeitwort/Tunwort
Infinitiv	Grundform/Nennform des Verbs
Personalform	die Person kennzeichnende Form des Verbs

Hier ist es sinnvoll, zwei Querstriche zu ziehen, weil die Zahl der Wörter nicht so groß ist. Es entstehen 3 Lernabschnitte.

Seite 31:

Die vollständigen Sätze lauten:
Das Wort „schön" bezeichnet eine Eigenschaft. Man nennt es *Adjektiv.*
Das Wort „schreiben" bezeichnet eine Tätigkeit. Man nennt es *Verb.*
Die Wortform „gehst" passt nur zu der Person „du", die Wortform „gehe" passt nur zur Person „ich". Die Verbformen „gehst" und „gehe" sind daher *Personalformen* des Verbs.

Mit der Wortform „gehen" kannst du das Verb nennen, ohne dass es nur auf eine bestimmte Person passt. Die Wortform „gehen" heißt Infinitiv.
Der Satz „Wir gehen heute ins Schwimmbad, denn die Sonne scheint" besteht eigentlich aus 2 Sätzen. Der 1. Satz lautet: „Wir gehen heute ins Schwimmbad". Der 2. Satz lautet: „Die Sonne scheint". Das Wörtchen „denn" verbindet diese zwei Sätze zu einem. Ein solches Verbindungswort heißt *Konjunktion.*
Das Wort „Buch" bezeichnet einen Gegenstand. Es ist deshalb ein *Substantiv.*
Die Wörtchen „der/die/das" begleiten Substantive. Sie heißen *Artikel.*
Wenn du „Haus sagst, meinst du nur eines. Die Wortform „Haus" ist deshalb *Singular.*
Wenn du aber „Häuser" sagst, meinst du mehrere. Die Wortform „Häuser" ist *Plural.*

Seite 32:

Der Eintrag ins Vokabelheft sieht so aus:

addieren	zusammenzählen
subtrahieren	abziehen
multiplizieren	malnehmen
dividieren	teilen
Summe	Ergebnis des Zusammenzählens
Differenz	Ergebnis des Abziehens
Produkt	Ergebnis des Malnehmens
Quotient	Ergebnis des Teilens
positive Zahl	Zahl größer Null

Es ist sinnvoll, zwei Querstriche zu ziehen. Es entstehen dadurch 3 Lernabschnitte.

Seite 33:
Die vollständigen Sätze lauten:

Beim Sammeln für Kinder in Not bringt deine Klasse eine große *Summe* zusammen.
Ein Ladenbesitzer muss jeden Abend den Umsatz feststellen. Deshalb muss er die Ausgaben vom Anfangsbetrag subtrahieren.

In der Wüste sind Temperaturen um +40 Grad Celsius keine Seltenheit. Zahlen, die über Null liegen, werden als *positive Zahlen* bezeichnet.
Muss man in einer Aufgabe zwanzigmal die gleichen Zahlen addieren, so kann man diese Aufgabe auch durch *multiplizieren* lösen.
Bei den folgenden Aufgaben $6 \cdot 5$, $3 \cdot 8$, $12 \cdot 6$, $7 \cdot 9$ sollst du das *Produkt* ausrechnen.
Beim *Dividieren* des Gewinnes erhalten alle Mitspieler ihren Anteil.
Sven ist 9 cm größer als der gleichaltrige Fred. Das ist eine große *Differenz* ihrer Körpergröße.
Bei der Divisionsaufgabe $560 : 80$ ist 7 der *Quotient* dieser Aufgabe.

Den Inhalt eines Textes wiedergeben

Seite 37:
1. Abschnitt: bis Zeile 6
2. Abschnitt: bis Zeile 11
3. Abschnitt: bis Zeile 17
4. Abschnitt: bis Zeile 22
5. Abschnitt: bis Zeile 26

Seite 39:
Für das gesamte Kapitel „Den Inhalt eines Textes wiedergeben" gilt:
Deine Lösungen müssen *nicht wörtlich* mit den folgenden Lösungen übereinstimmen. Abweichungen sind möglich. Dem Sinn nach sollten sie aber den Lösungsvorschlägen entsprechen.

den Sinn verstehen
Der Text handelt von 4 Personen. Jede ist mit ihrem Leben nicht zufrieden und beneidet die Person, die sie sieht, weil die es besser hat.

in Abschnitte gliedern
1. bis Zeile 7
2. bis Zeile 15
3. bis Zeile 22
4. bis Zeile 30

die Abschnitte benennen
1. Gedanken des Schulkindes
2. Gedanken der Marktfrau
3. Gedanken der Kundin (Hausfrau)
4. Gedanken des Autofahrers

Stichwörter suchen
1. Schulkind (Angst vor Versagen) beneidet Marktfrau (nur freundlich, heiter Blumen verkaufen)
2. Marktfrau (Geldsorgen, Beinschmerzen) beneidet Kundin (nur schick angezogen einkaufen gehen)
3. Kundin (Hausfrau, Langeweile) beneidet Autofahrer (Erfolg im Berufsleben)
4. Autofahrer (berufliche Hetze) beneidet Schulkind (Zeit/ohne Angst zu versagen)

Seite 41:
den Sinn verstehen
Der Text berichtet von drei verschiedenen Arten, wie unsere Säugetiere den Winter verbringen.

in Abschnitte gliedern
1. bis Zeile 13
2. bis Zeile 20
3. bis Textende

die Abschnitte benennen
1. Säugetiere, die Winterschlaf machen.
2. Säugetiere, die Winterruhe halten.

3. Säugetiere, die weiter ihr normales Leben führen.

Stichwörter suchen
1. Körpertemperatur sinkt, Erdhöhle, zehren von Körperfett, z. B.: Igel, Murmeltier
2. Körpertemperatur bleibt gleich (36–38 Grad), Ruheschlaf in sehr kalten, nahrungsarmen Zeiten, Ernährung in wachen Zeiten, z. B.: Eichhörnchen, Dachs
3. Körpertemperatur bleibt gleich, Schutz durch dichteres Winterfell, z. B.: die meisten Säugetiere

Seite 43:
den Sinn verstehen
Der Text handelt von den vier Arten von Niederschlag. Er beschreibt kurz, wie die einzelnen Niederschlagsarten entstehen.

in Abschnitte gliedern
1. bis Zeile 3
2. bis Zeile 11
3. bis Zeile 16
4. bis Zeile 20
5. bis Textende

die Abschnitte benennen
1. Niederschläge entstehen aus Wolken.
2. Regen entsteht aus Wasserdampf.
3. Schnee ist gefrorener Wasserdampf.
4. Graupel ist gefrorener Regen.
5. Hagel ist mehrmals gefrorener Regen.

Stichwörter suchen
1. Niederschlag aus Wolken, abhängig von Temperatur
2. Regen: warme, trockene Luft erzeugt Verdunstung, bei Abkühlung: Kondensation, Wolken, schwere Tropfen fallen
3. Schnee: Luft oben kühlt rasch ab, aufsteigender Wasserdampf bildet Schneekristalle
4. Graupel: Regen durch kühlere Luft, Tropfen gefrieren.
5. Hagel: Regentropfen mehrmals aufgewirbelt in kältere Schichten, beim Heruntersinken bleibt neue Wasserschicht hängen, immer schwerer

Rechtschreibfehler vermeiden

Seite 47:
dichten (V), lacht (V), brav (A), spricht (V), lesen (V), Leser (S), ehrlich (A), Spiel (S), sauber (A), bauen (V), malte (V), Bilder (S), braun (A), klein (A), fröhlich (A), Lieder (S), Trauer (S), Kathrin (S)

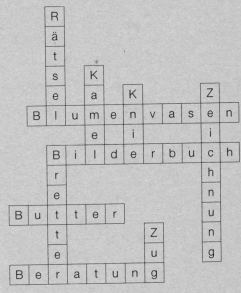

Seite 48:
Die neuen Substantive lauten:

mit der Endung *-heit:*	mit der Endung *-keit:*
Krankheit	Einsamkeit
Kindheit	Fröhlichkeit
Freiheit	Ähnlichkeit
Verlegenheit	Heiserkeit

mit der Endung *-ung:*	mit der Endung *-nis:*
Trennung	Zeugnis
Verlängerung	Wildnis
Öffnung	Finsternis
Sitzung	Bildnis

mit der Endung *-schaft:*	mit der Endung *-tum:*
Eigenschaft	Rittertum
Nachbarschaft	Reichtum
Landschaft	Irrtum

Seite 49:
Die neuen Adjektive lauten:

mit der Endung -ig:	mit der Endung -lich:
geduldig	freundlich
wacklig	jährlich
freudig	gelblich

mit der Endung -isch:	mit der Endung -haft:
kindisch	ekelhaft
italienisch	schmerzhaft
stürmisch	standhaft

mit der Endung -los:	mit der Endung -sam:
furchtlos	furchtsam
gedankenlos	gewaltsam

Seite 50:
Die Wörter schreibt man mit:

wieder	nieder, Glieder	ie
Katze	Glatze, Tatze	tz
Kranz	Schwanz, Tanz	z
Leute	heute, Beute	eu
Zahlen	strahlen, Wahlen	ah
schäumen	träumen, räumen	äu
Schwamm	Schlamm, Gramm	mm
Weizen	heizen, reizen	ei/z

Die Wörter schreibt man mit:

Bäume	Baum	ä/a
gefährlich	Gefahr	ä/a
Wäsche	waschen	ä/a
eckig	Ecke	ck
Gebäude	bauen	ä/a
bedrohlich	drohen	oh
verlängern	lang	ä/a
Größe	groß	ß

Seite 51:
Der gemeinsame Wortbaustein ist:
– fahr – spiel – flieg – foto – wahr –
Die gleiche Wortsilbe ist:
– pracht – haft – end – lig – fest –

Seite 52:
Man hört:

kommen	kom-men	zwei m
Besen	Be-sen	nur ein s
Flüsse	Flüs-se	zwei s
Hütte	Hüt-te	zwei t
offen	of-fen	zwei f
Rosen	Ro-sen	nur ein s

Man hört das:

(der) Zwerg	(die) Zwer-ge	g
(der) Kamm	(die) Käm-me	mm
(der) Floh	(die) Flö-he	h
(das) Band	(die) Bän-der	d
(der) Dieb	(die) Die-be	b
(der) Berg	(die) Ber-ge	g

Seite 53:
Jetzt hört man das:

(sie) geht	ge-hen	h
(er) pumpt	pum-pen	p
(es) bläst	bla-sen	ä/a
(er) hält	hal-ten	ä/a
(sie) sieht	se-hen	h
(es) läuft	lau-fen	äu/au

still	stil-ler	ll
breit	brei-ter	t
kalt	käl-ter	t
schräg	schrä-ger	g
früh	frü-her	h
dumm	düm-mer	mm

Seite 54:
Liebe Eltern!
Wenn *Sie Ihre* Kinder mit diesem Buch arbeiten lassen, müssen *Sie* beachten, dass sich die Regeln der deutschen Rechtschreibung in einigen Punkten geändert haben.
Da die Schulbücher *Ihrer* Kinder in der neuen Rechtschreibung gedruckt sind, die seit 1998 gilt, wurde auch dieses Buch nach den neuen Regeln gedruckt. Wenn *Sie Ihren* Kindern Hilfestellung leisten, mag *Ihnen* die Anwendung der neuen Regeln vielleicht schwer fallen. Auch *Ihren* Kindern wird dies so gehen, falls sie in der Schule noch mit der alten Rechtschreibung begonnen haben. Allerdings dürfen *Sie* gewiss sein, dass alles nur eine Frage der Gewöhnung ist. Auch wenn die alten Schreibweisen während der Übergangszeit noch angewendet werden dürfen, raten wir *Ihnen, Ihre* Kinder dazu anzuhalten, dass sie ihre Wörter grundsätzlich nach den neuen Regeln schreiben. Notfalls sollen sie im Wörterbuch nachschlagen, um die richtige Schreibweise festzustellen. Wenn dies konsequent geschieht, dürfen *Sie* sicher sein, dass *Ihre* Kinder auf dem richtigen Weg sind.
Wir wünschen *Ihren* Kindern dabei Ausdauer und Erfolg!
Ihre Lerntrainer Gerhard Gölz und Peter Simon

Ein Wort im Wörterbuch nachschlagen

Seite 58:

A	Affe	N	Nilpferd
B	Bär	O	
C		P	Park
D	Dackel	Q	
E		R	Ratte
F	Fahrrad	S	Sport
G	Gans	T	
H	höflich	U	üben
I	Igel	V	Vieh
J		W	Wiese
K	Klingel	X	
L		Y	
M	möglich	Z	Zaun, Zebra

Seite 59:
Die Reihenfolge lautet:
1 Auto, 2 blasen, 3 dünn, 4 fangen, 5 Hase,
6 klingeln, 7 machen, 8 oben, 9 quer,
10 richtig, 11 Straße, 12 Umfang, 13 wenig,
14 Zucker

Die richtige Antwort lautet:
T, N, M,
E, P, C
S, G, M
I, K, U

Seite 60:
Die Reihenfolge lautet:

Baum	Sänger	alle
Becken	schön	angeln
Birke	singen	Äpfel
blasen	Spaß	Arbeit
bremsen	Stock	Ast
Buch	suchen	Auto
Flasche	mehr	Jahr
flehen	melden	Jakob
fliegen	Menschen	James
Floh	merken	Jan
flott	messen	Japan
fluchen	Metall	jaulen

Seite 61:
Die Reihenfolge lautet:

Orange	daran
Orgel	Darbietung
Orkan	darin
Ort	darunter
gerade	fest
Geräteturnen	festmachen
Geräusch	Festnahme
Strom	musikalisch
stromabwärts	Musikbuch
strömen	Musiker
Stromnetz	Musikkassette

Schrift
Schriftbild
schriftlich
Schriftsetzer
Schriftstück

Seite 62:
Der Buchstabe befindet sich im

	vorderen Teil	mittleren Teil	hinteren Teil
G	X		
S			X
P		X	
K		X	
F	X		

Ich beginne im

	vorderen Teil	mittleren Teil	hinteren Teil
Handball	X		
Volleyball			X
Fußball	X		
Quelle		X	
klettern		X	
springen			X

Seite 63:

		nach vorn	nach hinten
Haus	Fenster		X
Koffer	Lebensmittel	X	
Tischdecke	Urlaub	X	
springen	Reihe		X
richtig	Tennis	X	
Nuss	Mantel		X
Quelle	Orgel		X

		nach vorn	nach hinten
Kassette	Kasse		X
Schule	Straße	X	
Baum	Bank		X
Banane	Ball		X
Kind	Kiste	X	
kochen	kosten	X	
kriechen	krank		X

Mit Rechengrößen umgehen

Seite 66:

60 kg	☐	60 t	☐	6 t	X
	E		F		G
130 t	X	60 t	☐	6 t	☐
	R		S		T
330 km	☐	2 200 km	X	1 200 km	☐
	E		ö		G
50 km	☐	200 km	☐	100 km	X
	S		T		ß
330 m	☐	443 m	X	545 m	☐
	D		E		F

Das Lösungswort lautet:

G	r	ö	ß	e

Seite 67:
Die Reihenfolge der Längenmaße lautet:
Kilometer (km)
Meter (m)
Dezimeter (dm)
Zentimeter (cm)
Millimeter (mm)

Die Umwandlungszahlen lauten:

1 Meter = | 10 | Dezimeter

1 Zentimeter = | 10 | Millimeter

1 Kilometer = | 1 000 | Meter

1 Dezimeter = | 10 | Zentimeter

Seite 68:
Maßbeispiele sind:
1 cm: Dicke vieler Schulbücher, Kantenlänge eines Spielwürfels, Breite eines Daumens, Dicke einer Kassette, …
1 dm = 10 cm: Breite eines Fußes, Breite eines Handrückens, Länge oder Breite von Fotos (10 × 15), Seitenbreite von Wörterbüchern, …
1 m: Länge eines Schrittes, Tafellineal im Klassenzimmer, Metermaß, Tafelhöhe, Zimmertürbreite, …

1 km: 2½ Runden im Stadion, eine Strecke, die du in etwa 10 Minuten zurücklegen kannst, ...

bis zu 1 dm (10 cm): Radiergummi, Streichholz, Reißnagel, Büroklammer, Haarlänge, ...
zwischen 1 dm und 1 m: Zeichenlineal, Kugelschreiber, Vogelkäfig, Radio, Buch, Schreibtischhöhe, ...
zwischen 1 m und 10 m: PKW, Wohnzimmer, Hausbreite, Küchentisch, Tischtennisplatte, ...
zwischen 10 m und 100 m: Freischwimmbad, LKW mit Anhänger, Eisenbahnwaggon, Kirchturm in deinem Ort, Straßenbahn,...

Seite 69:
Dies ist die Reihenfolge:
Die Länge des Autos *ist größer als* die Höhe des Zimmers.
Die Höhe des Zimmers *ist größer als* die Höhe des Schreibtisches.
Die Höhe des Schreibtisches *ist größer als* die Länge der Schultasche.
Die Länge der Schultasche *ist größer als* die Länge des Bleistifts.
Die Länge des Bleistifts *ist größer als* die Dicke des Radiergummis.
Die Dicke des Radiergummis *ist größer als* die Dicke der Münze.

Seite 70:
Dies sind die üblichen Maßangaben:

	km	m	cm	mm
Länge eines Flusses	X			
Länge eines Autos		X		
Höhe beim Hochsprung		X		
Dicke eines Buches			X	
Körpergröße des Menschen		X		
Höhe eines Berges		X		
Länge einer Büroklammer			X	
Breite im Schwimmbad		X		
Dicke eines Blattes				X
Umfang der Erde	X			
Profiltiefe eines Autoreifens				X

Seite 71:

	sinnvolle Maßeinheit	ungünstige Maßeinheit
Entfernung zwischen Städten		X
Dicke eines Geldstücks		X
Länge und Breite eines Kinderzimmers	X	
Länge eines Füllfederhalters		X
Breite einer Brücke		X
Entfernung Deutschland – Türkei	X	

Man misst:
die Entfernungen zwischen Städten in *km.*
die Dicke eines Geldstücks in *mm.*
die Länge und Breite eines Kinderzimmers in *m.*
die Länge eines Füllfederhalters in *cm.*
die Breite einer Brücke in *m.*
die Entfernung Deutschland – Türkei in *km.*

Seite 72:
Dies sind die umgerechneten Längenmaße:

Maßeinheit	kleinere Maßeinheit	Maßeinheit	größere Maßeinheit
1 cm	10 mm	100 cm	10 dm
1 dm	10 cm	10 dm	1 m
1 m	10 dm	100 mm	10 cm
15 dm	150 cm	1 000 mm	100 cm
108 m	1 080 dm	1 360 mm	136 cm
6,5 km	6 500 m	12 000 m	12 km

Seite 73:
Dies sind die richtigen Umwandlungen:

27 dm = 270 mm	☐	270 cm	X	27 cm	☐	2 700 mm	X
12 m = 1 200 cm	X	120 mm	☐	1 200 dm	☐	120 dm	X
140 cm = 14 m	☐	1,40 m	X	1 400 mm	X	14 dm	X
190 mm = 1,90 dm	X	190 cm	☐	19 cm	X	19 dm	☐
2,5 km = 250 m	☐	25 000 m	☐	2 500 m	X	25 000 dm	X
3,4 m = 340 dm	☐	34 cm	☐	340 cm	X	34 dm	X

Diese Längenangaben gehören zusammen:

20 mm → 2 cm, 16 m → 160 dm, 3 dm → 30 cm, 1 500 cm → 15 m, 150 mm → 15 cm, 28 dm → 2 800 mm, 4,5 m → 450 cm, 1 200 cm → 120 dm

Seite 74:
Dies sind die umgerechneten Flächenmaße:

Maßeinheit	kleinere Maßeinheit	Maßeinheit	größere Maßeinheit
1 cm^2	100 mm^2	100 cm^2	1 dm^2
1 dm^2	100 cm^2	100 dm^2	1 m^2
1 m^2	100 dm^2	100 mm^2	1 cm^2
10 cm^2	1 000 mm^2	10 000 mm^2	100 cm^2
15 dm^2	1 500 cm^2	23 000 mm^2	230 cm^2
108 m^2	10 800 dm^2	50 dm^2	$0,50 \text{ m}^2$

Seite 75:

Dies sind die richtigen Umwandlungen:

5 dm² =	50 cm²	☐	500 cm²	☒	5 000 mm²	☐	50 000 mm²	☒
14 m² =	14 000 dm²	☐	14 000 cm²	☐	140 000 cm²	☒	1 400 dm²	☒
86 cm² =	86 mm²	☐	8 600 mm²	☒	860 dm²	☐	0,86 dm²	☒
1 600 cm² =	16 dm²	☒	16 000 mm²	☐	160 000 mm²	☒	1,6 dm²	☐
7,5 m² =	750 mm²	☐	750 dm²	☒	75 000 cm²	☒	7 500 cm²	☐
12,3 dm² =	123 cm²	☐	1 230 cm²	☒	12 300 mm²	☐	0,123 m²	☒

Diese Angaben gehören zusammen:

15 cm² → 1 500 mm², 2,9 cm² → 290 mm², 8 dm² → 800 cm², 6 m² → 600 dm²,

0,9 m² → 90 dm², 9 m² → 900 dm², 8 000 mm² → 80 cm², 800 mm² → 8 cm²

Seite 76:

Dies sind die umgerechneten Rauminhalte:

Maßeinheit	kleinere Maßeinheit	Maßeinheit	größere Maßeinheit
1 cm³	1 000 mm³	1 000 cm³	1 dm³
1 dm³	1 000 cm³	1 000 dm³	1 m³
1 m³	1 000 dm³	1 000 mm³	1 cm³
10 cm³	10 000 mm³	10 000 mm³	10 cm³
15 dm³	15 000 cm³	2 600 cm³	2,600 dm³
108 cm³	10 800 dm³	500 dm³	0,500 m³

Seite 77:

Dies sind die richtigen Umwandlungen:

3 dm³ =	30 cm³	☐	3 000 cm³	☒	300 cm³	☐	0,3 m³	☐
2 m³ =	2 000 dm³	☒	200 cm³	☐	2 000 000 cm³	☒	20 000 cm³	☐
500 cm³ =	50 000 mm³	☐	500 000 mm³	☒	50 dm³	☐	0,5 dm³	☒
500 dm³ =	5 m³	☐	0,5 m³	☒	5 000 cm³	☐	50 000 dm³	☐
1,5 dm³ =	150 cm³	☐	15 cm³	☐	1 500 cm³	☒	15 000 mm³	☐
12 cm³ =	120 mm³	☐	12 000 mm³	☒	120 000 mm³	☐	0,012 dm³	☒

Diese Maße gehören zusammen:

24 cm³ → 24 000 mm³, 3 000 cm³ → 3 dm³, 2,5 m³ → 2 500 dm³, 800 dm³ → 0,8 m³,

8 m³ → 8 000 dm³, 4 500 mm³ → 4,5 cm³, 5,2 dm³ → 5 200 cm³, 400 cm³ → 0,4 dm³

Große Zahlen runden

Seite 80:
So wird gerundet:

12	2		X	10
15	5	X		20
17	7	X		20
151	1		X	150
155	5	X		160
159	9	X		160

Seite 81:
So wird hier gerundet:

354	5	X		400
348	4		X	300
990	9	X		1 000
1 266	6	X		1 300
1 240	4		X	1 200
73	7	X		100

1 480	4		X	1 000
1 650	6	X		2 000
3 990	9	X		4 000
3 210	2		X	3 000
6 543	5	X		7 000
9 449	4		X	9 000

Seite 82:
So wird hier gerundet:

Stadt	Einwohner	Runde auf Zehntausender
Köln	965 697	970 000
Düsseldorf	571 030	570 000
Dresden	469 110	470 000
Leipzig	470 778	470 000
Frankfurt/M.	650 055	650 000
München	1 236 370	1 240 000
Hamburg	1 707 901	1 710 000
Berlin	3 471 418	3 470 000
Dortmund	598 840	600 000

Dies ist die Reihenfolge der Städte:
1 Berlin, 2 Hamburg, 3 München, 4 Köln,
5 Frankfurt/M., 6 Dortmund, 7 Düsseldorf,
8 Leipzig und Dresden

Seite 83:
Die gerundeten Flusslängen lauten:

Wolga	3 530 km	3 500 km
Donau	2 850 km	2 900 km
Nil	6 671 km	6 700 km
Mississippi	6 021 km	6 000 km
Jangtsekiang	6 300 km	6 300 km
Jenissei	4 092 km	4 100 km
Amazonas	6 400 km	6 400 km
Kongo	4 320 km	4 300 km
Ob	5 410 km	5 400 km
Rhein	1 320 km	1 300 km

Dies ist die Reihenfolge:
1 Nil, 2 Amazonas, 3 Jangtsekiang, 4 Missis-
sippi, 5 Ob, 6 Kongo, 7 Jenissei, 8 Wolga,
9 Donau, 10 Rhein.
So werden die Flüsse zugeordnet:
Nordamerika: Mississippi
Europa: Wolga, Donau, Rhein
Asien: Jangtsekiang, Ob, Jenissei
Südamerika: Amazonas
Afrika: Nil, Kongo

Seite 85:
Die gerundeten Zahlen lauten:

1,68	~~2~~	~~*~~
10,70	~~11~~	~~10~~
114,98	~~114~~	115
999,90	~~999~~	1 000
318,82	~~318~~	319
119,98	~~120~~	~~119~~
40,15	~~40~~	~~41~~
39,09	~~39~~	~~40~~

5,48	5,5
12,71	12,7
0,19	0,2
98,09	98,1
3,04	3,0
19,209	19,2
2,951	3,0
3,045	3,0

1,089	1,09
0,889	0,89
6,103	6,10
12,222	12,22
3,555	3,56
0,194	0,19
8,947	8,95
4,995	5,00

Seite 86:
So sehen die Überschlagsrechnungen aus:

Rechnung	Überschlag	Rechnung	Überschlag
789	800	633	600
205	200	873	900
+ 533	+ 500	+ 102	+ 100
1 527	1 500	1 608	1 600

Rechnung	Überschlag	Rechnung	Überschlag
2 690	2 700	10 489	10 000
8 122	8 100	5 115	5 000
+ 5 867	+ 5 900	+ 7 890	+ 8 000
16 679	16 700	23 494	23 000

Rechnung	Überschlag	Rechnung	Überschlag
17 903	18 000	32 238	32 000
12 843	13 000	18 802	19 000
+ 20 102	+ 20 000	+ 40 177	+ 40 000
50 848	51 000	91 217	91 000

Seite 87:
Die gerundeten Überschlagsrechnungen lauten:
Überschlagsrechnung

900 –	300 =	600	c
8 000 –	2 000 =	6 000	d
12 000 –	8 000 =	4 000	b
24 000 –	5 000 =	19 000	f

Der Überschlag der Fahrstrecke lautet:
6 km + 12 km + 3 km + 10 km = 31 km
Genaues Ergebnis:

$$
\begin{array}{r}
5{,}78 \text{ km} \\
12{,}21 \text{ km} \\
3{,}39 \text{ km} \\
+ \quad 9{,}95 \text{ km} \\
\hline
31{,}33 \text{ km}
\end{array}
$$

Der Überschlag macht die folgenden Rechenfehler deutlich:

Rechnung	Überschlag
8,75	9 + 2 + 54 + 19 = 84
2,09	
54,33	Das errechnete Ergebnis ist *falsch.*
+ 18,78	
73,95 ??	
83,95	ist das richtige Ergebnis

Rechnung	Überschlag
12,4 · 5,24	12 · 5 = 60
649,76	Das errechnete Ergebnis ist *falsch.*
64,976	ist das richtige Ergebnis

Rechnung	Überschlag
6,12 · 15,3	6 · 15 = 90
73,636	Das errechnete Ergebnis ist *falsch.*
93,636	ist das richtige Ergebnis

Textaufgaben lösen

Seite 90:
Dies sind die sinnvollen Fragen zu den
5 Textaufgaben:
1) b   2) e   3) d   4) a   5) c

Seite 91:
Diese Fragen sind sinnvoll:
Was muss jeder Schüler für ein Lesebuch
bezahlen?
Wie viel Liter Wasser sind das an einem Tag?
Wie lange benötigen 3 Bauarbeiter?
Wie viel Kilometer fahren sie in einer Stunde?

So können deine Fragen lauten:
Wie groß ist die Fläche des Schulhofes in
Quadratmetern?
Wer von beiden ist älter?
Wie viel Quadratmeter Fläche wurde von
Familie Gerig gestrichen?
Wie hoch ist die durchschnittliche Geschwindigkeit pro Stunde?

Seite 92:

Die Angabe ist	
wichtig	überflüssig
	12 Jahre
14.15 Uhr 14.47 Uhr	
30 DM $\frac{1}{2}$ $\frac{1}{3}$ $\frac{1}{6}$	9 Jahre 10 Jahre 12 Jahre
	Klasse 6 6 m 20 m
15 km 3 Std 5 km	
5 Briefe 3 Postkarten 1,10 DM 1 DM	30 Minuten

Seite 93:
So kannst du die Zahlenangaben beschreiben:

14.15 Uhr:	Das ist die Abfahrtszeit von Matthias.
14.47 Uhr:	Matthias kommt bei Willi an.
30 DM:	Das ist die Höhe des Taschengeldes für alle Kinder.
$\frac{1}{2}$ von 30:	Das ist die Hälfte des gesamten Taschengeldes.
$\frac{1}{3}$:	Das ist der 3. Teil von 30 DM.
$\frac{1}{6}$:	Das ist der 6. Teil von 30 DM.
15 km:	So viel ist die Klasse schon gewandert.
3 Std:	So viel Zeit hat die Klasse für 15 km benötigt.
5 km:	Diese Strecke muss die Klasse noch wandern.
3 Postkarten:	Anzahl der Postkarten.
1,10 DM:	So viel kostet eine Briefmarke für einen Brief.
1 DM:	So viel kostet eine Briefmarke für eine Postkarte.

Seite 94:
Dies ist die Reihenfolge der Rechenschritte:
Rechenschritte geordnet:
1. c | den Einkaufspreis berechnen
2. b | die Einnahmen berechnen
3. a | den Gewinn berechnen

Rechenschritte geordnet:
1. b | den Einkaufspreis berechnen
2. d | die Anzahl der verkauften Limonadenflaschen berechnen
3. a | die Einnahmen berechnen
4. c | den Gewinn berechnen

Seite 95:
So kannst du die Rechenschritte formulieren:
1. ausrechnen, was Udo in 7 Wochen gespart hat
2. die Ersparnisse und den fehlenden Betrag (35 DM) addieren

1. ausrechnen, was ein Paar Ski im Winterschlussverkauf kostet

2. die Kosten für ein Paar Ski im Winterschlussverkauf und die Einsparung
   (45 DM) addieren

1. ausrechnen, wie viel Kilometer Herr Faller
   bereits gefahren ist
2. die Differenz zwischen den Kilometern,
   die man mit einer Tankfüllung zurücklegen kann (ca. 840 km), und den bereits
   gefahrenen Kilometern bilden

1. den Preis für das verbrauchte Wasser
   ausrechnen
2. die Grundgebühr für 1 Jahr ausrechnen
3. die Verbrauchskosten im Jahr und die
   Jahresgrundgebühr addieren

Seite 98:

1. Beispiel zum Üben:
So können deine Eintragungen lauten:
die Fragen notieren
Hat Lars Recht, dass Katharina ungefähr 300
DM einsammelt?
Um wie viel DM hat sich Lars verschätzt?

*Zahlenangaben mit eigenen Worten beschrei-
ben*
14 DM: Das muss jeder Schüler für den
Wandertag zahlen
21: So viel Schüler sind in Katharinas Klasse.
300 DM: So viel schätzt Lars, muss Katharina
einsammeln.

*den Rechenweg mit seinen Zwischen-
schritten überlegen*
Diese Aufgabe kannst du mit 2 Rechenschritten lösen:
1. Rechenschritt:
ausrechnen, wie viel Katharina einsammeln
muss
2. Rechenschritt:
das geschätzte Ergebnis von Lars mit dem
errechneten vergleichen

Seite 99:

das Ergebnis ausrechnen
Ausrechnung:
1. Rechenschritt:
14 DM · 21 = 294 DM
Ergebnis durch Ausrechnung: 294 DM

2. Rechenschritt:
   300 DM
 − 294 DM
     6 DM (Vergleich des geschätzten und
            des ausgerechneten Ergebnisses)

und überschlagen
15 DM · 20 = 300 DM

die Antwort aufschreiben
Lars hat Recht, Katharina sammelt ungefähr
300 DM ein.
Lars hat sich um 6 DM verschätzt.

Seite 100:

So können deine Eintragungen lauten:

die Frage notieren
Wie weit ist das Gewitter von Bettina entfernt?

*Zahlenangaben mit eigenen Worten beschrei-
ben*
331 m: Diese Strecke legt der Schall in einer
Sekunde zurück.
4 Sekunden: So lange dauert es, bis Bettina
den Schall hört.

*den Rechenweg mit seinen Zwischenschrit-
ten überlegen*
Diese Aufgabe kannst du in einem Rechenschritt lösen:
1. Rechenschritt:
ausrechnen, wie viel Meter der Schall in 4
Sekunden zurücklegt

Seite 101:

das Ergebnis ausrechnen
Ausrechnung:
1. Rechenschritt:
331 m · 4 = 1 324 m.
Ergebnis durch Ausrechnung: 1 324 m

. . . und überschlagen
300 m · 4 = 1 200 m

die Antwort aufschreiben
Das Gewitter ist 1 324 m von Bettina entfernt.

Seite 102:
So können deine Eintragungen lauten:

die Frage notieren
Wie viel Geldmünzen wurden aufeinander gelegt?

Zahlenangaben notieren und mit eigenen Worten beschreiben
4,5 cm: Das ist die Höhe des Geldstapels.
1,8 mm: Das ist die Dicke einer Münze.

den Rechenweg mit seinen Zwischenschritten überlegen
Diese Aufgabe kannst du in 2 Rechenschritten lösen:
1. Rechenschritt:
die Höhe des Geldstapels in Millimeter umwandeln
2. Rechenschritt:
die Anzahl der Münzen berechnen (ausrechnen, wie vielmal die Dicke einer Münze in der Stapelhöhe enthalten ist)

das Ergebnis ausrechnen
Ausrechnung:
1. Rechenschritt: 4,5 cm = 45 mm (Umwandlungszahl 10!)
2. Rechenschritt: 45 mm : 1,8 mm =
Tipp: Wenn du beide Zahlen mit 10 multiplizierst, verschwindet das Komma!
450 : 18 = 25 Münzen
Ergebnis durch Ausrechnung: 25 Münzen

. . . und überschlagen
50 : 2 = 25 Münzen

die Antwort aufschreiben
Es wurden 25 Münzen aufeinander gelegt.

Seite 103:
So können deine Eintragungen lauten:

die Frage notieren
Wie viel DM verdiente Frau Taler monatlich?

Zahlen notieren
33 600 DM: Das hat Frau Taler 1996 verdient.
3 %: Das ist die Gehaltsaufbesserung in Prozent für 1997.

überlegen
Rechenweg:
Diese Aufgabe kannst du mit 3 Rechenschritten lösen:

1. Rechenschritt:
ausrechnen, wie viel die Gehaltsaufbesserung in DM beträgt
2. Rechenschritt:
die Gehaltsaufbesserung zum Verdienst von 1996 addieren (ergibt das Gehalt von 1997)
3. Rechenschritt:
davon das Monatsgehalt ausrechnen (das ist der 12. Teil)

ausrechnen
Ausrechnung:
1. Rechenschritt: (ausführliche Darstellung)
100 % = 33 600 DM
  1 % = 33 600 : 100 =   336 DM
  3 % =   336 ·   3 = 1 008 DM

1. Rechenschritt: (verkürzte Darstellung)
$$\frac{33\,600 \cdot 3}{100} = 1\,008 \text{ DM}$$

2. Rechenschritt:
  33 600 DM
+ 1 008 DM
  34 608 DM (neues Gehalt 1997)

3. Rechenschritt:
34 608 DM : 12 = 2 884 DM (Monatsgehalt 1990)
Ergebnis durch Ausrechnung: 2 884 DM

antworten
Frau Taler verdiente 1997 monatlich 2 884 DM.

Mit Schaubildern umgehen

Seite 106:
Dies gehört in die Textlücken:
13 – 15 Uhr, Uhrzeit, Hochachse, 50 Schüler, 13 und 15 Uhr

Seite 107:
Dies kannst du aus dem Säulenschaubild ablesen:
die Anzahl der Stunden
die Anzahl der Schüler
50 Schüler
35 Schüler
10 Schüler
 5 Schüler

Seite 108:
Dies kannst du aus dem Kurvenschaubild zur Leistungsfähigkeit ablesen:
sehr hoch: um 8, 9 und 11 Uhr
hoch um 10, 12, 17, 18 und 19 Uhr
durchschnittlich: um 13 und 16 Uhr
niedrig: um 14 Uhr
sehr niedrig: um 15 Uhr

Seite 109:
Dies kannst du aus dem Kurvenschaubild zur Rechengeschwindigkeit ablesen:
sehr hoch: 10, 11 Uhr
hoch: 9, 17, 18 Uhr
durchschnittlich: 12, 16, 19 Uhr
niedrig: 13, 15 Uhr
sehr niedrig: 8, 14 Uhr

Die Antwort kann so lauten:
Eine sehr gute Zeit für die Erledigung der Hausaufgaben und für das Rechnen ist die Zeit nach 15.00 Uhr. Die Hausaufgaben zwischen 13.00 und 15.00 Uhr zu erledigen ist im Allgemeinen nicht so günstig, weil bei den meisten Kindern ihre Konzentrationsfähigkeit um die Essenszeit sehr gering ist.
Falls das bei dir aber anders sein sollte, dann richte dich nach deinem eigenen „Rhythmus"!

Seite 110:
So lauten die Ergänzungen:
6 Gitterlängen nach rechts und 4 Gitterlängen nach oben.
So liegen die Punkte im Gitternetz.

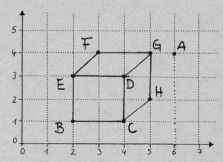

Es entsteht das Schrägbild eines Würfels.

Punkt B: 2 Gitterlängen nach rechts und
             1 Gitterlänge nach oben.
Punkt D: 4 Gitterlängen nach rechts und
             3 Gitterlängen nach oben.

Seite 111:
So sieht die „Behaltenskurve" aus:

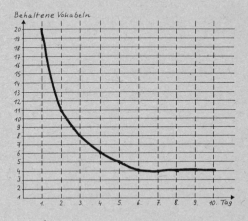

Dieses Werk berücksichtigt die Regeln der
reformierten Rechtschreibung und Zeichensetzung

7.	6.	5.	4.	3.	Die letzten Ziffern bezeichnen
03	02	01	2000	99	Zahl und Jahr des Drucks.

Satz: Computersatz Bonn, Bonn
Druck und Bindung: Gutmann GmbH, Talheim
Printed in Germany
ISBN 3-589-21247-0

Schreibe hinter jedes Wort, zu welcher Wortart es gehört.
Benutze die Anfangsbuchstaben der Wortart: **S** für Substantiv,
V für Verb und **A** für Adjektiv.

DICHTEN ＿＿ LACHT ＿＿ BRAV ＿＿

SPRICHT ＿＿ LESEN ＿＿ LESER ＿＿

EHRLICH ＿＿ SPIEL ＿＿ SAUBER ＿＿

BAUEN ＿＿ MALTE ＿＿ BILDER ＿＿

BRAUN ＿＿ KLEIN ＿＿ FRÖHLICH ＿＿

LIEDER ＿＿ TRAUER ＿＿ KATHRIN ＿＿

Unter den folgenden Wörtern befinden sich 9 Substantive.
Suche sie heraus und trage sie in diese Figur ein. Die Anzahl
der Buchstaben hilft dir, da keines der Substantive die gleiche
Anzahl Buchstaben hat. Schreibe mit großen und kleinen
Anfangsbuchstaben, so wie du normal schreibst. Streiche das
Substantiv, das du in die Figur eingetragen hast, in der Wort-
liste durch.

EINBINDEN – SPANNEND – EINKAUFEN – LUSTIG –
BERATUNG – ZEICHNUNG – GESEHEN – VERLOREN –
PRAKTISCH – STILL – TIPPEN – BILDERBUCH – KAMEL –
KÜRZER – ZUG – BUTTER – LEISE – BLUMENVASEN –
KNIE – KÜHL – BRETTER – STRENG – DUNKELROT

2. Aufgabe Du sollst Substantive an besonderen Merkmalen erkennen.

> **Alle Wörter mit folgenden Endungen sind immer Substantive: -heit, - keit, -ung, - nis, - schaft, - tum.**

Solche Substantive entstehen, wenn man eine dieser Endungen an den Wortstamm von Adjektiven, Verben oder anderen Substantiven anhängt.
Manchmal fallen dabei Buchstaben des ursprünglichen Wortes weg oder neue Buchstaben werden eingefügt.

Beispiele:

Adjektiv	: sicher	Adjektiv	: weise
angehängte Endung:	-heit	angehängte Endung:	-heit
neues Substantiv	: Sicherheit	neues Substantiv	: Weisheit

Bilde neue Substantive

mit der Endung *-heit:*

krank _____

Kind _____

frei _____

verlegen _____

mit der Endung *-ung:*

trennen _____

verlängern _____

öffnen _____

sitzen _____

mit der Endung *-schaft:*

eigen _____

Nachbar _____

Land _____

mit der Endung *-keit:*

einsam _____

fröhlich _____

ähnlich _____

heiser _____

mit der Endung *-nis:*

zeugen _____

wild _____

finster _____

Bild _____

mit der Endung *-tum:*

Ritter _____

reich _____

irren _____

Großschreibung bei:
-heit, -keit, -ung,
-nis, -schaft
und -tum !

3. Aufgabe Du sollst Adjektive an besonderen Merkmalen erkennen.

> **Alle Wörter mit folgenden Endungen sind immer Adjektive: -ig, -lich, -isch, -haft, -los, -sam.**

Solche Adjektive entstehen, wenn man eine dieser Endungen an den Wortstamm von Substantiven, Verben oder anderen Adjektiven anhängt.

Beispiele:

Substantiv   : Wind   Verb   : beharren
angehängte Endung: -ig   angehängte Endung: -lich
neues Adjektiv   : windig   neues Adjektiv   : beharrlich

Manchmal fallen dabei Buchstaben des ursprünglichen Wortes weg oder neue Buchstaben werden eingefügt.

Beispiele:

Substantiv   : Regen   Adjektiv   : krank
angehängte Endung: -isch angehängte Endung: -lich
neues Adjektiv   : regnerisch neues Adjektiv   : kränklich

Bilde neue Adjektive

Kleinschreibung bei: -ig, -lich, -isch, -haft, -los, -sam !

mit der Endung *-ig:*

Geduld _____

wackeln _____

Freude _____

mit der Endung *-isch:*

Kind _____

Italien _____

Sturm _____

mit der Endung *-los:*

Furcht _____

Gedanken _____

mit der Endung *-lich:*

Freund _____

Jahr _____

gelb _____

mit der Endung *-haft:*

Ekel _____

Schmerz _____

Stand _____

mit der Endung *-sam:*

Furcht _____

Gewalt _____

4. Aufgabe Du sollst Ähnlichkeiten zwischen Wörtern erkennen.

Ähnlichkeiten zwischen Wörtern geben manchmal einen Hinweis auf die Schreibweise eines Wortes.

Reimwörter suchen

Ähnlichkeiten sind zum Beispiel Reime. Bei den folgenden Beispielen sind solche Reimwörter genannt. Gib an, welche Schreibweise durch die Reimbildung deutlich wird.

Wort:	Reimwörter:	Die Wörter schreibt man mit:
wieder	nieder, Glieder	*ie*
Katze	Glatze, Tatze	
Kranz	Schwanz, Tanz	
Leute	heute, Beute	
Zahlen	strahlen, Wahlen	
schäumen	träumen, räumen	
Schwamm	Schlamm, Gramm	
Weizen	heizen, reizen	

aus Stammwörtern ableiten

Ähnlichkeiten können auch gleiche Wortbausteine in Wörtern sein. Dies ist oft der Fall, wenn ein Wort aus einem anderen Wort abgeleitet ist. Vergleiche jedes Wort mit seinem Stammwort und gib an, welche Schreibweise durch das Stammwort deutlich wird.

Wort:	Stammwort:	Die Wörter schreibt man mit:
Bäume	Baum	*ä / a*
gefährlich	Gefahr	
Wäsche	waschen	
eckig	Ecke	
Gebäude	bauen	
bedrohlich	drohen	
verlängern	lang	
Größe	groß	

Ähnlich sind oft ganze Wortgruppen, die einen gleichen Wortbaustein haben oder vom gleichen Stammwort abgeleitet sind. Sie heißen Wortfamilien. Nenne zu den folgenden Wortfamilien den gemeinsamen Baustein.

Wortfamilie:	Der gemeinsame Wortbaustein ist:
Fahrer – fahrbereit – fahren – Abfahrt – Fahrt	*fahr*
verspielt – spielen – spielerisch – spielend	_____
Fliege – entfliegen – fliegend – Stubenfliege	_____
Fotoapparat – Farbfoto – fotografieren – Fotograf	_____
Unwahrheit – bewahren – wahrhaft – aufbewahren	_____

Wir sind eine Familie - wir halten zusammen !

Ähnlich können auch Wortsilben oder Teilwörter von zusammengesetzten Wörtern sein. Nenne zu den folgenden Beispielen die gleichen Wortsilben.

Wörter:	Die gleiche Wortsilbe ist:
Blumenpracht – prächtig – prachtvoll – Prachtwerk	_____
haftbar – Haftschale – dauerhaft – krankhaft	_____
unendlich – Endspurt – Endstation – endlich	_____
zufällig – Helligkeit – willig – neblig	_____
Festzug – wetterfest – festhalten – festlich	_____

5. Aufgabe Du sollst undeutlich klingende Buchstaben hörbar machen.

Durch **Trennen** und **Verlängern** kannst du manchmal Buchstaben hörbar machen, die vorher nicht zu hören waren. Beim Sprechen hörst du den Buchstaben hinter der Trennungsstelle dann deutlicher.

Wörter in Silben trennen

Mein Tipp: Klatsche bei jeder Silbe in die Hände.

Trenne die folgenden Wörter und sprich sie. Gib an, welcher Buchstabe hinter der Trennungsstelle deutlicher hörbar wird.

Wort:	Trennung:	Man hört:
kommen	kom-men	zwei *m*
Besen	Be-sen	nur ein *s*
Flüsse	_____	_____
Hütte	_____	_____
offen	_____	_____
Rosen	_____	_____

Ein **Substantiv** kannst du **verlängern,** indem du die Mehrzahlform (Plural) bildest. Noch deutlicher werden die Buchstaben, wenn man das verlängerte Wort auch noch trennt und spricht.

Substantiv in die Mehrzahl setzen und trennen

Sprich die Wörter und gib an, welche Schreibweise durch die Mehrzahlform deutlich wird.

Wort:	Mehrzahl:	Man hört das:
(der) Zwerg	(die) Zwer-ge	_____
(der) Kamm	(die) Käm-me	_____
(der) Floh	(die) Flö-he	_____
(das) Band	(die) Bän-der	_____
(der) Dieb	_____	_____
(der) Berg	_____	_____

HILFE

Ein **Verb** kannst du **verlängern,** indem du die Personalform in die Grundform (Infinitiv) umwandelst. Auch hier werden Buchstaben noch deutlicher, wenn man das verlängerte Wort trennt und spricht.

Verben in die Grundform setzen und trennen

Sprich deshalb die Wörter und gib an, welcher Buchstabe durch das Verlängern deutlicher hörbar wird.

Personalform:	Grundform:	Jetzt hört man das
(sie) geht	ge-hen	*h*
(er) pumpt	pum-pen	*p*
(es) bläst	bla-sen	
(er) hält	_____	_____
(sie) sieht	_____	_____
(es) läuft	_____	_____

HILFE

Ein **Adjektiv** kannst du **verlängern,** indem du die erste Steigerungsform (Komparativ) bildest. Auch hier werden Buchstaben noch deutlicher, wenn man das verlängerte Wort trennt.

Adjektive steigern und trennen

Sprich deshalb die Wörter und gib an, welcher Buchstabe durch die Steigerung deutlicher hörbar wird.

Personalform:	Steigerung:	Jetzt hört man das
still	stil-ler	_____
breit	brei-ter	_____
kalt	_____	_____
schräg	_____	_____
früh	_____	_____
dumm	_____	_____

6. Aufgabe Du sollst eine Rechtschreibregel anwenden.

Die **Regel** lautet:
In Briefen an Personen, die du mit *Sie* anredest, musst du die Anredewörter (*Sie, Ihr, Ihnen*) mit großen Anfangsbuchstaben schreiben.

Im folgenden Brief sind die Anredewörter mit kleinen Anfangsbuchstaben geschrieben. Verbessere den Brief, indem du die Anredewörter in die richtigen großen Anfangsbuchstaben veränderst.

Liebe Eltern!

Wenn sie ihre Kinder mit diesem Buch arbeiten lassen, müssen sie beachten, dass sich die Regeln der deutschen Rechtschreibung in einigen Punkten geändert haben. Da die Schulbücher ihrer Kinder in der neuen Rechtschreibung gedruckt sind, die seit 1998 gilt, wurde auch dieses Buch nach den neuen Regeln erstellt. Wenn sie ihren Kinder Hilfestellung leisten, mag ihnen die Anwendung der neuen Regeln vielleicht schwer fallen. Auch ihren Kindern wird dies so gehen, falls sie in der Schule noch mit der alten Rechtschreibung begonnen haben. Allerdings dürfen sie gewiss sein, dass alles nur eine Frage der Gewöhnung ist. Auch wenn die alten Schreibweisen während der Übergangszeit noch angewendet werden dürfen, raten wir ihnen, ihre Kinder dazu anzuhalten, dass sie ihre Wörter grundsätzlich nach den neuen Regeln schreiben. Notfalls sollen sie sie im Wörterbuch nachschlagen, um die richtige Schreibweise festzustellen. Wenn dies konsequent geschieht, dürfen sie sicher sein, dass ihre Kinder auf dem richtigen Weg sind. Wir wünschen ihren Kindern dabei Ausdauer und Erfolg!

Ihre Lerntrainer
Gerhard Gölz und Peter Simon

Erinnere dich:

So gehst du vor, wenn du unsicher bist, wie ein Wort geschrieben wird:

1. **Sprich dir das Wort deutlich vor.**
   Vorteil: Du hörst einzelne Buchstaben besser.
   Aber: Es ist nicht alles hörbar, was für das richtige Schreiben wichtig ist.

2. **Prüfe die Wortart.**
   Vorteil: Alle Substantive werden immer mit großen Anfangsbuchstaben geschrieben. Adjektive und Verben werden normalerweise mit kleinen Anfangsbuchstaben geschrieben.
   Aber: Für die Fälle, in denen Adjektive und Verben ausnahmsweise mit großen Anfangsbuchstaben geschrieben werden, gibt es Regeln. Du musst sie in der Schule oder mit einem speziellen Übungsbuch zum Rechtschreiben lernen.

3. **Suche nach Ähnlichkeiten.**
   Vorteil: Wenn man ähnlich klingende Wörter kennt, kann man deren Schreibweise oft übertragen.
   Aber: Ähnlicher Klang muss nicht immer gleiche Schreibweise bedeuten. Man kann leicht hereinfallen.

4. **Trenne und verlängere Wörter.**
   Vorteil: Das Trennen in Wortsilben macht jene Buchstaben deutlicher oder überhaupt erst hörbar, die hinter der Trennungsstelle stehen. Kurze Wörter kann man trennbar machen, indem man die Mehrzahl, die Steigerung oder die Grundform bildet.
   Aber: Nicht alle Buchstaben werden durch Trennen und Verlängern hörbar.

5. **Wende Rechtschreibregeln an.**
   Vorteil: Wer viele Rechtschreibregeln kennt, kann auch viele Rechtschreibprobleme lösen.
   Aber: Es gibt sehr viele Regeln und man muss sie richtig anwenden können, was nicht immer leicht ist.

6. **Schlage nach, um sicher zu gehen.**
   Vorteil: Wer im Nachschlagen geübt ist, findet die gesuchten Wörter ganz schnell. Und man kann ganz sicher sein, dass man richtig schreibt, was man im Wörterbuch mit den eigenen Augen gesehen hat.

Merk ich mir!

Im Wörterbuch
nachschlagen

Darum geht es:

Ein Wörterbuch benutzt man, wenn man nicht weiß, wie ein
Wort geschrieben wird, oder wenn man in kurzer Form etwas
über einen Begriff erfahren möchte. Um die genauere Bedeutung von Wörtern nachzuschlagen, benutzt man ein Lexikon.

Darauf kommt es an:

Das Nachschlagen im Wörterbuch oder Lexikon muss schnell
gehen, damit nicht unnötig Zeit beim Suchen der Wörter
verlorengeht. Um beim Nachschlagen das gesuchte Wort auch
rasch zu finden, brauchst du eine gute **Nachschlagetechnik.**
Das bedeutet: Du musst wissen, wie man vorteilhaft und schnell
nachschlägt. Und du brauchst viel Übung im Nachschlagen.

Du weißt bestimmt, dass alle Wörter eines Nachschlagewerks
nach dem Alphabet geordnet sind. Das heißt: Der Anfangsbuchstabe ist entscheidend für die Reihenfolge der Wörter.

Es ist deshalb für das Nachschlagen die wichtigste Voraussetzung, dass du die Reihenfolge der Buchstaben im Alphabet
genau kennst.
Das bringt dir zwei wichtige Vorteile:
● Du kannst dich in einem Wörterbuch schneller zurechtfinden,
wenn du weißt, in welchem Teil des Wörterbuchs du anfangen musst zu suchen.
● Wenn du eine Seite des Wörterbuchs aufgeschlagen hast,
kannst du immer sofort entscheiden, ob sich das gesuchte
Wort weiter vorn oder weiter hinten im Buch befindet und ob
du also nach vorn oder nach hinten blättern musst.

Wenn du das Alphabet gut kennst, kannst du bei der Suche
nach einem bestimmten Wort gleich den richtigen Teil des
Wörterbuchs aufschlagen und weißt immer sofort, in welche
Richtung du weiterblättern musst. So sparst du viel Zeit und
kannst jedes Nachschlagewerk zu deinem Vorteil nutzen!

Das macht das **Nachschlagen schneller**:
- das **Alphabet auswendig** können
- gleich **im richtigen Teil** des Wörterbuchs mit der Suche anfangen
- sofort wissen, ob man **nach vorn** oder **nach hinten** weiterblättern muss.

Das musst du üben:

- Wörter mit verschiedenem Anfangsbuchstaben nach dem Alphabet ordnen

- Wörter mit gleichem Anfangsbuchstaben nach dem Alphabet ordnen

- erkennen, in welchem Teil des Alphabets sich Buchstaben befinden

- entscheiden, ob du im Wörterbuch nach vorn oder hinten blättern musst

1. Aufgabe

Du sollst Wörter mit verschiedenem Anfangsbuchstaben nach deren Reihenfolge im Alphabet ordnen.

Wenn das Alphabet untereinander geschrieben ist, brauchst du die Wörter, die du ordnen sollst, nur neben den Buchstaben zu schreiben, mit dem sie beginnen. Dann siehst du genau ihre Reihenfolge im Alphabet.

Ordne die Wörter unten nach dem Alphabet. Schreibe sie zu den entsprechenden Anfangsbuchstaben.

Klingel – üben – Wiese – Park – Sport – Fahrrad – höflich – möglich – Zaun – Igel – Dackel – Nilpferd – Vieh – Bär – Gans – Zebra – Affe – Ratte

A _____   N _____

B _____   O _____

C _____   P _____

D _____   Q _____

E _____   R _____

F _____   S _____

G _____   T _____

H _____   U *üben*

I _____   V _____

J _____   W _____

K *Klingel*   X _____

L _____   Y _____

M _____   Z _____

Hier findest du 14 Wörter mit verschiedenen Anfangsbuchstaben. Trage sie nach ihrer Reihenfolge im Alphabet ein.

Hase	Umfang	Auto	quer	klingeln
blasen	wenig	oben	fangen	
dünn	Zucker	Straße	machen	richtig

1 _____ 2 _____

3 _____ 4 _____

5 _____ 6 _____

7 _____ 8 _____

9 _____ 10 _____

11 _____ 12 _____

13 _____ 14 _____.

Bei dieser Übung bitte das Alphabet auf der linken Buchseite abdecken, sonst wird's zu einfach.

Trage den richtigen Buchstaben ein. Mit dieser Übung kannst du kontrollieren, ob du das Alphabet kannst.

Die Antwort lautet:

Im Alphabet kommt nach S : _____

Im Alphabet kommt nach M : _____

Im Alphabet kommt nach L : _____

Im Alphabet kommt vor F : _____

Im Alphabet kommt vor Q : _____

Im Alphabet kommt vor D : _____

Im Alphabet kommt zwischen R und T : _____

Im Alphabet kommt zwischen F und H : _____

Im Alphabet kommt zwischen L und N : _____

Im Alphabet kommt nach H : _____

Im Alphabet kommt vor L : _____

Im Alphabet kommt zwischen T und V : _____

2. Aufgabe Du sollst Wörter mit gleichen Anfangsbuchstaben nach der Reihenfolge im Alphabet ordnen.

A B C D E F G H I J K L M N O P Q R S T U V W X Y Z

Wenn Wörter den gleichen Anfangsbuchstaben haben, entscheidet der zweite Buchstabe der Wörter über die Reihenfolge im Alphabet.

Hase
Herr
Hose

Schreibe die Wörter nach ihrer Reihenfolge im Alphabet auf die freien Linien untereinander.

Buch _____ schön _____ angeln _____

Baum _____ Spaß _____ Auto _____

bremsen _____ Stock _____ Arbeit _____

Becken _____ singen _____ Ast _____

Birke _____ Sänger _____ alle _____

blasen _____ suchen _____ Äpfel _____

Wenn die ersten zwei Buchstaben der Wörter gleich sind, dann entscheidet der dritte Buchstabe über die Reihenfolge im Alphabet.

Dach
Dame
das

Schreibe die Wörter nach ihrer Reihenfolge im Alphabet auf die freien Linien untereinander.

fliegen _____ Metall _____ Jahr _____

Flasche _____ messen _____ Jan _____

Flucht _____ Menschen _____ James _____

Floh _____ merken _____ jaulen _____

flehen _____ mehr _____ Japan _____

flott _____ melden _____ Jakob _____

Wenn mehr als die ersten zwei Buchstaben eines Wortes gleich sind, entscheidet immer der erste ungleiche Buchstabe über die Reihenfolge der Ordnung nach dem Alphabet. *Also:*
Sind drei gleich, entscheidet der Vierte. Sind vier gleich, entscheidet der Fünfte, usw.

Dam**e**
Dam**m**

Bal**k**en
Bal**k**on

Che**m**i**e**
che**m**i**sch**

Schreibe die Wörter entsprechend ihrer Reihenfolge nach dem Alphabet auf die Linien untereinander.

Orgel _____   darunter _____

Orkan _____   daran _____

Ort _____   Darbietung _____

Orange _____   darin _____

gerade _____   fest _____

Geräteturnen _____   festmachen _____

Geräusch _____   Festnahme _____

Strom _____   musikalisch _____

strömen _____   Musiker _____

Stromnetz _____   Musikbuch _____

stromabwärts _____   Musikkassette _____

schriftlich _____

Schrift _____

Schriftstück _____

Schriftbild _____

Schriftsetzer _____

3. Aufgabe

Du sollst entscheiden, in welchem Teil des Alphabets sich die einzelnen Buchstaben befinden.

Diese Einteilungsübung ist wichtig, damit du beim Nachschlagen in einem Wörterbuch Zeit sparst.
Denn: Befindet sich der Anfangsbuchstabe eines Wortes im vorderen Teil des Alphabets, dann musst du auch im vorderen Teil des Wörterbuchs mit der Suche beginnen.
Du kannst das Alphabet in drei Teile einteilen. Merke sie dir:

Vorderer Teil	Mittlerer Teil	Hinterer Teil
A B C D E F G H	I J K L M N O P Q	R S T U V W X Y Z

Wenn du also ein Wort mit dem Anfangsbuchstaben *G* nachschlägst, musst du *im vorderen Teil* des Wörterbuchs mit der Suche beginnen.

Kreuze an, in welchem Teil des Alphabets sich die angegebenen Buchstaben befinden.

	Vorderer Teil	Mittlerer Teil	Hinterer Teil
G	☐	☐	☐
S	☐	☐	☐
P	☐	☐	☐
K	☐	☐	☐
F	☐	☐	☐

Kreuze an, in welchem Teil des Wörterbuchs du mit der Suche beginnen musst, wenn du die folgenden Wörter nachschlagen willst. Schaffst du es, ohne zur Einteilung oben zu sehen?

Gesuchtes Wort:	Ich beginne im vorderen Teil:	mittleren Teil:	hinteren Teil:
Handball	☐	☐	☐
Volleyball	☐	☐	☐
Fußball	☐	☐	☐
Quelle	☐	☐	☐
klettern	☐	☐	☐
springen	☐	☐	☐

4. Aufgabe
Du sollst entscheiden, ob du in einem Wörterbuch nach vorn oder nach hinten weiterblättern musst.

Auch diese Übung ist wichtig, damit du beim Nachschlagen in einem Wörterbuch nicht unnötig Zeit verlierst. *Denn:* Wenn du das Wörterbuch aufgeschlagen hast, musst du sofort wissen, ob das gesuchte Wort wieter vorn oder weiter hinten steht.

Du suchst zum Beispiel das Wort *Kino.* Bei Beginn der Suche hast du zum Beispiel den Buchstaben *N* aufgeschlagen. Im Alphabet komm *K* vor *N.* Aus der Reihenfolge des Alphabets kannst du ersehen: Du musst nach vorn blättern.

Schnelles Nach-
schlagen wird auf Seite 56-63 geübt!

Dieses Wort suchst du:	Du schlägst auf bei dem Wort:	Kreuze an, in welche Richtung du weiterblätterst. nach vorn:	nach hinten:
Haus	Fenster		
Koffer	Lebensmittel		
Tischdecke	Urlaub		
springen	Reihe		
richtig	Tennis		
Nuss	Mantel		
Quelle	Orgel		

Dieses Wort suchst du:	Du schlägst auf bei dem Wort:	Kreuze an, in welche Richtung du weiterblätterst. nach vorn:	nach hinten:
Kassette	Kasse		
Schule	Straße		
Baum	Bank		
Banane	Ball		
Kind	Kiste		
kochen	kosten		
kriechen	krank		

Mit Rechengrößen umgehen

Darum geht es:

Größen begegnen dir auf Schritt und Tritt. Alles, was du einkaufst, musst du (leider) auch bezahlen. Ob das eine Dose Limonade für 55 Pf ist oder ein Schulmäppchen für 8,75 DM oder eine CD für 30 DM! Alle diese Angaben sind Größen. Vielleicht beträgt deine Körpergröße 1,45 m (145 cm) und du wiegst 38 kg. Falls dies nicht stimmt, kannst du das ja gleich einmal berichtigen:

Ich bin _____ m (Meter) groß und wiege _____ kg (Kilogramm).

Auch bei deinen Körpermaßen handelt es sich um Größen. Die Größe „Gewicht" 38 kg setzt sich aus der Maßzahl = 38 und Maßeinheit = kg zusammen.

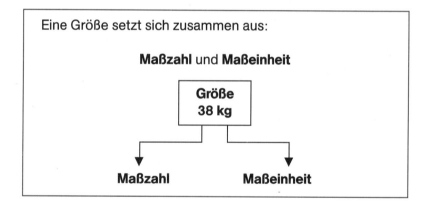

Darauf kommt es an:

Damit du dir also eine gute Vorstellung von Größen machen kannst, ist es sinnvoll, sie zu schätzen. Das geht dann besonders gut, wenn du sie mit bekannten Größen vergleichen kannst. Noch besser funktioniert deine Vorstellungsfähigkeit, wenn du zusätzlich die verschiedenen Größen ordnest. Da man Größen in verschiedenen Maßeinheiten ausdrücken kann, ist es wichtig zu lernen, wie man diese umrechnet. (Beispielsweise Tonnen in Kilogramm oder Kilogramm in Gramm.) Wenn du weißt, wie du mit Umrechnungstabellen umgehst, kannst du Größen sicher und schnell in den verschiedenen Maßeinheiten benutzen.

> Es kommt auf die richtige **Maßeinheit** an.
> **Beispiele** geben eine Vorstellung von den Größen.
> **Schätzen** ist so wichtig wie Messen und Rechnen.
> **Umrechnungstabellen** helfen beim Umrechnen.

Das musst du üben:

- feststellen, welche Maßeinheiten überhaupt benutzt werden können

- eine klare Vorstellung von den Maßeinheiten gewinnen

- die passenden Maßeinheiten wählen

- Maße mit Hilfe von Umrechnungstabellen umrechnen

1. Aufgabe   Du sollst Größen schätzen.

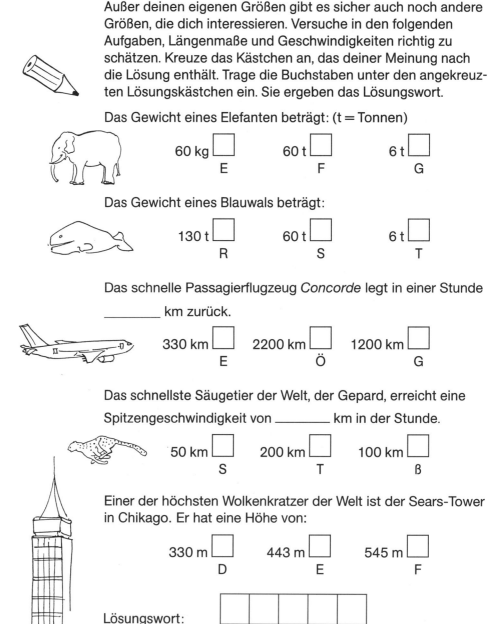

Außer deinen eigenen Größen gibt es sicher auch noch andere Größen, die dich interessieren. Versuche in den folgenden Aufgaben, Längenmaße und Geschwindigkeiten richtig zu schätzen. Kreuze das Kästchen an, das deiner Meinung nach die Lösung enthält. Trage die Buchstaben unter den angekreuzten Lösungskästchen ein. Sie ergeben das Lösungswort.

Das Gewicht eines Elefanten beträgt: (t = Tonnen)

60 kg ☐   60 t ☐   6 t ☐
    E   F   G

Das Gewicht eines Blauwals beträgt:

130 t ☐   60 t ☐   6 t ☐
    R   S   T

Das schnelle Passagierflugzeug *Concorde* legt in einer Stunde _____ km zurück.

330 km ☐   2200 km ☐   1200 km ☐
    E   Ö   G

Das schnellste Säugetier der Welt, der Gepard, erreicht eine Spitzengeschwindigkeit von _____ km in der Stunde.

50 km ☐   200 km ☐   100 km ☐
    S   T   ß

Einer der höchsten Wolkenkratzer der Welt ist der Sears-Tower in Chikago. Er hat eine Höhe von:

330 m ☐   443 m ☐   545 m ☐
    D   E   F

Lösungswort: ☐ ☐ ☐ ☐ ☐

Beim Lesen der Beispiele hast du bestimmt ganz schön gestaunt. Es ist ja auch kaum vorstellbar, dass ein Blauwal ein Gewicht von 130 Tonnen (t) besitzt, wo doch die Elefanten schon riesige Tiere sind und um die 6 Tonnen wiegen.

2. Aufgabe Du sollst mit Längenmaßen umgehen.

Die Maßeinheiten Kilometer (km), Dezimeter (dm), Zentimeter (cm) und Millimeter (mm) sind alle von der Maßeinheit Meter (m) abgeleitet. In deinem Mathematikbuch oder im Lexikon findest du eine Übersicht zu den Längenmaßen, aber auch zu allen anderen Maßen. In diesem Buch kannst du auf Seite 72 nachschlagen. Dort ist eine Tabelle der Längenmaße abgebildet.

Dies ist 1 Dezimeter.

Dies ist 1 Zentimeter.

Dies ist 1 Millimeter.

Nenne die 5 Längenmaße der Größe nach und schreibe die Abkürzungen in die Klammer:

_____ (_____)

_____ (_____)

_____ (_____)

_____ (_____)

_____ (_____)

Schreibe die passenden Umwandlungszahlen in die Kästchen:

1 Meter   = [   ] Dezimeter

1 Zentimeter = [   ] Millimeter

1 Kilometer = [   ] Meter

1 Dezimeter = [   ] Zentimeter

3. Aufgabe
Du sollst deine Vorstellung von der Bedeutung der Längenmaße beweisen.

Standardlängenmaße sind: 1 mm, 1 cm, 1 dm, 1 m und 1 km. Wichtig ist, dass du dir Beispiele aufschreibst, die in der Nähe von Standardmaßen liegen oder Vielfache von ihnen sind.

Schreibe zu den Angaben weitere Beispiele dazu.

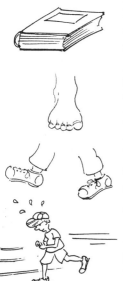

Maße	Beispiele
Dinge, die etwa 1 cm lang sind.	*Dicke vieler Schulbücher,* ————
Dinge, die etwa 1 dm = 10 cm lang sind.	*Breite eines Fußes,* ————
Dinge, die etwa 1 m lang sind.	*Länge eines Schrittes,* ————
Entfernungen, die 1 km betragen.	*2 1/2 Runden im Stadion,* ————

Ordne die folgenden Gegenstände den entsprechenden Längen zu:
Zeichenlineal, Freischwimmbad, PKW, Radiergummi, LKW mit Anhänger, Kugelschreiber, Eisenbahnwaggon, Wohnzimmer, Vogelkäfig, Streichholz, Radio, Kirchturm in deinem Ort oder Stadtteil, Haarlänge, Straßenbahn, Reißnagel, Hausbreite, Küchentisch, Büroklammer, Tischtennisplatte, Schreibtischhöhe, Buch.

Maße	Beispiele
Gegenstände bis zu 1 dm (10 cm)	
Gegenstände zwischen 1 dm und 1 m	

Gegenstände zwischen 1 m und 10 m	
Gegenstände zwischen 10 m und 100 m	

Schätze zunächst die Länge, Höhe oder Dicke der folgenden Gegenstände. Messe sie danach mit dem Lineal oder Metermaß in den angegebenen Maßeinheiten. Berechne den Unterschied zwischen geschätztem und gemessenem Maß.

	Schätze den Gegenstand.	Messe den Gegenstand.	Berechne den Unterschied.
Länge eines Bleistifts	cm	cm	cm
Dicke eines Radiergummis	mm	mm	mm
Länge eures Autos	m	m	m
Dicke einer Münze	mm	mm	mm
Schreibtischhöhe	cm	cm	cm
Länge deiner Schultasche	cm	cm	cm
Höhe deines Zimmers	m	m	m

Vergleiche nun die *gemessenen* Längen und ordne sie der Größe nach. Fange mit dem größten Gegenstand an.

Die Länge des Autos _____ ist größer als die Höhe des Zimmers.

_____ ist größer als _____ .

_____ ist größer als _____ .

_____ ist größer als _____ .

_____ ist größer als _____ .

_____ ist größer als _____ .

69

4. Aufgabe Du sollst die passende Maßeinheit wählen.

Überlege dir immer, ob die Maßeinheit, die du wählst, auch sinnvoll ist.

Vielleicht ist dir das auch schon passiert: Du berechnest in einer Mathematikarbeit die Entfernungen zwischen zwei Städten absolut richtig. Trotzdem steht ein dickes f hinter der Aufgabe. Was ist passiert? Du hast die Entfernung Mannheim – Hamburg richtig ausgerechnet, nämlich 550. Aber anstele 550 Kilometer zu schreiben, hast du 550 Meter geschrieben. Das ist natürlich ein ordentlicher Schnitzer, denn 550 Meter kannst du gemütlich in 6 Minuten zu Fuß zurücklegen, für 550 Kilometer würdest du aber viele Tage benötigen, wenn du nicht mit dem Auto oder dem Zug fährst.
Dein Lehrer achtet deshalb auf die richtige Wahl der Maßeinheiten, weil sie im Alltag von großer Bedeutung sind.

Die folgenden Übungen helfen dir bei der Zuordnung der richtigen Maßeinheiten. Kreuze bei den folgenden Entfernungsangaben oder Weitenangaben an, ob man am besten in km, m, cm oder mm misst.

	Man misst in			
	km	m	cm	mm
Länge eines Flusses				
Länge eines Autos				
Höhe beim Hochsprung				
Dicke eines Buches				
Körpergröße des Menschen				
Höhe eines Berges				
Länge einer Büroklammer				
Breite im Schwimmbad				
Dicke eines Blattes				
Umfang der Erde				
Profiltiefe eines Autoreifens				

Bei den folgenden Schüleraussagen merkst du schnell, dass noch nicht alle Schüler den sinnvollen Umgang mit den Maßeinheiten beherrschen. Kreuze an, wer die Maßeinheiten sinnvoll benutzt und wer nicht.

	sinnvolle Maßeinheit	ungünstige Maßeinheit
Michaela behauptet, dass man die Entfernungen zwischen Städten in Millimetern (mm) misst.		
Sascha sagt, dass die Dicke eines Geldstücks in Dezimetern (dm) gemessen wird		
Vanessa überlegt sich die Länge und Breite ihres Kinderzimmers in Metern (m).		
Caroline meint, dass die Länge ihres Füllfederhalters in Metern (m) zu messen sei.		
Paul ist sicher, dass die Breite einer Brücke in Zentimetern (cm) gemessen wird.		
Yüksel meint, die Entfernung Deutschland – Türkei werde in Kilometern (km) angegeben.		

Ich schätze: Einige liegen voll daneben.

Aus den Fehlern der Kinder sieht man, dass jede Entfernung ihr sinnvolles Maß hat. Trage es bei den nächsten Sätzen richtig ein. Benütze die Abkürzungen km, m, dm, cm, mm.

Man misst:

die Entfernungen zwischen Städten in _____.

die Dicke eines Geldstücks in _____.

die Länge und Breite eines Zimmers in _____.

die Länge eines Füllfederhalters in _____.

die Breite einer Brücke in _____.

die Entfernung Deutschland – Türkei in _____.

5. Aufgabe Du sollst Längenmaße mit Hilfe einer Tabelle umrechnen.

Benutze beim Umrechnen diese Tabelle der Längenmaße:

Längen 1 m = 10 dm = 100 cm = 1000 mm
                    1 dm = 10 cm = 100 mm
                               1 cm =   10 mm

Umwandlungszahl **10**
Aber: 1 km = 1000 m/Umwandlungszahl ist hier 1000.

Die Umwandlungszahl dieser Längenmaße ist 10:

| 1 m = 10 dm | 1 dm = 10 cm | 1 cm = 10 mm |

Ehrlich gesagt, diese Längentabelle bringt's.

Eine typische Umwandlungsaufgabe lautet: Wandle 5 dm, 30 mm, 2 m in Zentimeter (cm) um.
Mit Hilfe der Längentabelle ist das leicht möglich. Du schaust zunächst in der Tabelle nach, wie viele Zentimeter ein Dezimeter enthält. Das sind 10 cm. Also musst du das Fünffache von 10 cm nehmen, das ergibt 50 cm. Die Antwort lautet: 5 dm = 50 cm.
Bei der Umwandlung der 30 mm in cm gehst du genauso vor.
Aus der Tabelle kannst du ersehen, dass 10 mm = 1 cm sind.
Also: 10 mm = 1 cm und 30 mm = 3 cm, nämlich 3 mal 1 cm.
2 m in cm umzuwandeln kommt dir jetzt sicher ganz einfach vor. Von der Tabelle wissen wir, dass 1 m = 10 dm = 100 cm ist.
2 m sind also 200 cm.

Mit den folgenden Aufgaben kannst du üben, die Tabelle richtig zu benutzen. Trage die fehlenden Maßeinheiten ein.

Maßeinheit	kleinere Maßeinheit	Maßeinheit	größere Maßeinheit
1 cm	mm	100 cm	dm
1 dm	cm	10 dm	m
1 m	dm	100 mm	cm
15 dm	cm	1000 mm	cm
108 m	dm	1360 mm	cm
6,5 km	m	12000 m	km

Entscheide bei den folgenden Aufgaben, welche Maße richtig umgewandelt sind. Kreuze die richtigen Umrechnungen an. Es können mehrere Lösungen sein.

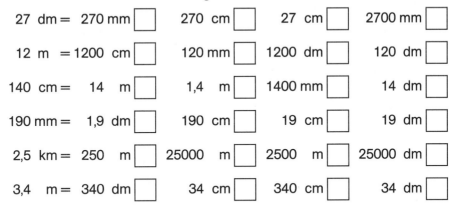

27 dm =	270 mm ☐	270 cm ☐	27 cm ☐	2700 mm ☐
12 m =	1200 cm ☐	120 mm ☐	1200 dm ☐	120 dm ☐
140 cm =	14 m ☐	1,4 m ☐	1400 mm ☐	14 dm ☐
190 mm =	1,9 dm ☐	190 cm ☐	19 cm ☐	19 dm ☐
2,5 km =	250 m ☐	25000 m ☐	2500 m ☐	25000 dm ☐
3,4 m =	340 dm ☐	34 cm ☐	340 cm ☐	34 dm ☐

Bei der folgenden Übung gehören immer zwei Längenangaben zusammen. Verbinde sie durch Pfeile.

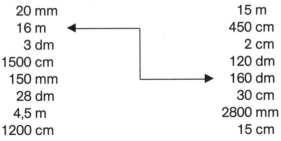

20 mm	15 m
16 m	450 cm
3 dm	2 cm
1500 cm	120 dm
150 mm	160 dm
28 dm	30 cm
4,5 m	2800 mm
1200 cm	15 cm

Die **Längentabelle** hilft dir beim Umrechnen in kleinere und größere Maßeinheiten. Die Umwandlungszahl ist 10.
Ausnahme:
Bei Kilometern ist die Umwandungszahl 1000!

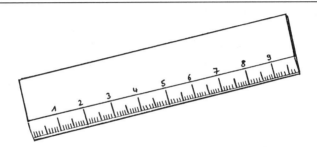

6. Aufgabe Du sollst Flächeninhalte mit Hilfe einer Tabelle umrechnen.

Benutze beim Umrechnen diese Tabelle der Flächeninhalte:

Flächen- $1\,m^2 = 100\,dm^2 = 10\,000\,cm^2 = 1\,000\,000\,mm^2$
inhalt $1\,dm^2 = \quad 100\,cm^2 = \quad 10\,000\,mm^2$
                           $1\,cm^2 = \quad\quad 100\,mm^2$

Umwandlungszahl **100**

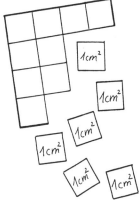

Die Umwandlungszahl dieser Flächeninhalte ist 100:

$1\,m^2 = 100\,dm^2$	$1\,dm^2 = 100\,cm^2$	$1\,cm^2 = 100\,mm^2$

Eine typische Umwandlungsaufgabe lautet:
Wandle 6 dm² und 400 mm² in Quadratzentimeter (cm²) um.
Mit Hilfe der Flächeninhaltstabelle ist das leicht möglich.

Du schaust zunächst in der Tabelle nach, wie viele Quadratzentimeter ein Quadratdezimeter enthält. Das sind 100 cm².
Bei 6 dm² musst du das Sechsfache von 100 cm² nehmen, das
ergibt 600 cm². Die Antwort lautet: 6 dm² = 600 cm².
Bei der Umwandlung der 400 mm² in cm² gehst du genauso
vor. Aus der Tabelle kannst du ersehen, dass 100 mm² = 1 cm²
sind. 400 mm² = 4 cm², nämlich 4 mal 1 cm².

Mit den folgenden Aufgaben kannst du üben, die Tabelle richtig
zu benutzen. Trage die fehlenden Maßeinheiten ein.

Maßeinheit	kleinere Maßeinheit	Maßeinheit	größere Maßeinheit
1 cm²	mm²	100 cm²	dm²
1 dm²	cm²	100 dm²	m²
1 m²	dm²	100 mm²	cm²
10 cm²	mm²	10000 mm²	cm²
15 dm²	cm²	23000 mm²	cm²
108 m²	dm²	50 dm²	m²

Benutze zum Umrechnen die Flächeninhaltstabelle.

Entscheide bei den folgenden Aufgaben, welche Maße richtig umgewandelt sind. Kreuze die richtigen Umrechnungen an. Es können mehrere Lösungen richtig sein.

5 dm² =   50 cm² ☐   500 cm² ☐   5 000 mm² ☐   50 000 mm² ☐

14 m² = 14 000 dm² ☐   14 000 cm² ☐   140 000 cm² ☐   1 400 dm² ☐

86 cm² =   86 mm² ☐   8 600 mm² ☐   860 dm² ☐   0,86 dm² ☐

1600 cm² =   16 dm² ☐   16 000 mm² ☐   160 000 mm² ☐   1,6 dm² ☐

7,5 m² =   750 mm² ☐   750 dm² ☐   75 000 cm² ☐   7 500 cm² ☐

12,3 dm² =   123 cm² ☐   1 230 cm² ☐   12 300 cm² ☐   0,123 m² ☐

Bei der folgenden Übung gehören immer zwei Längenangaben zusammen. Verbinde sie durch Pfeile.

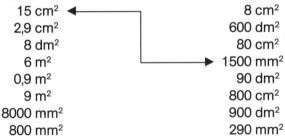

15 cm²	8 cm²
2,9 cm²	600 dm²
8 dm²	80 cm²
6 m²	1500 mm²
0,9 m²	90 dm²
9 m²	800 cm²
8000 mm²	900 dm²
800 mm²	290 mm²

Die **Flächeninhaltstabelle** hilft dir beim Umrechnen in kleinere und größere Maßeinheiten.
Die Umwandlungszahl ist 100.

Ich gehe im Geist immer Schritt für Schritt zur nächsten Einheit.
0,4 m² = 40 dm² = 4000 cm²
= 400 000 mm².

7. Aufgabe Du sollst Rauminhalte mit Hilfe einer Tabelle umrechnen.

Benutze beim Umrechnen diese Tabelle der Rauminhalte:

Rauminhalt.

$$1 \text{ m}^3 = 1000 \text{ dm}^3 = 1\,000\,000 \text{ cm}^3 = 1\,000\,000\,000 \text{ mm}^3$$
$$1 \text{ dm}^3 = 1\,000 \text{ cm}^3 = 1\,000\,000 \text{ mm}^3$$
$$1 \text{ cm}^3 = 1\,000 \text{ mm}^3$$

Umwandlungszahl **1000**

Die Umwandlungszahl der Rauminhalte ist 1000:

$1 \text{ m}^3 = 1000 \text{ dm}^3$	$1 \text{ dm}^3 = 1000 \text{ cm}^3$	$1 \text{ cm}^3 = 1000 \text{ mm}^3$

Eine typische Umwandlungsaufgabe lautet: Wandle 6 dm³ und 4000 mm³ in Kubikzentimeter (cm³) um.

Mit Hilfe der Rauminhaltstabelle ist das leicht möglich.

Du schaust zunächst in der Tabelle nach, wie viele Kubikzentimeter ein Kubikdezimeter enthält. Das sind 1000 cm³. Bei 6 dm³ musst du das Sechsfache von 1000 cm³ nehmen, das ergibt 6000 cm³. Die Antwort lautet: 6 dm³ = 6000 cm³. Bei der Umwandlung der 4000 mm³ in cm³ gehst du genauso vor. Aus der Tabelle kannst du ersehen, dass 1000 mm³ = 1 cm³ sind. 4000 mm³ = 4 cm³, nämlich 4 mal 1 cm³.

Mit den folgenden Aufgaben kannst du üben, die Tabelle richtig zu benutzen. Trage die fehlenden Maßeinheiten ein.

Maßeinheit	kleinere Maßeinheit	Maßeinheit	größere Maßeinheit
1 cm³	mm³	1000 cm³	dm³
1 dm³	cm³	1000 dm³	m³
1 m³	dm³	1000 mm³	cm³
10 cm³	mm³	10000 mm³	cm³
15 dm³	cm³	2600 mm³	dm³
108 m³	dm³	500 dm³	m³

Benutze zum Umrechnen die Rauminhaltstabelle.

Entscheide bei den folgenden Aufgaben, welche Maße richtig umgewandelt sind. Kreuze die richtigen Umrechnungen an. Es können mehrere Lösungen sein.

3 dm³ = 30 cm³ ☐   3 000 cm³ ☐   300 cm³ ☐   0,3 m³ ☐

2 m³ = 2 000 dm³ ☐   200 cm³ ☐   2 000 000 cm³ ☐   20 000 cm³ ☐

500 cm³ = 50 000 mm³ ☐   500 000 mm³ ☐   50 dm³ ☐   0,5 dm³ ☐

500 dm³ = 5 m³ ☐   0,5 m³ ☐   5 000 cm³ ☐   50 000 dm³ ☐

1,5 dm³ = 150 cm³ ☐   15 cm³ ☐   1 500 cm³ ☐   15 000 mm³ ☐

12 cm³ = 120 mm³ ☐   12 000 mm³ ☐   120 000 mm³ ☐   0,012 dm³ ☐

Bei der folgenden Übung gehören immer zwei Raummaße zusammen. Verbinde sie durch Pfeile.

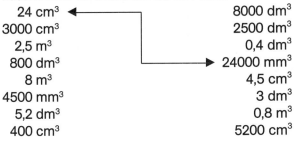

24 cm³	8000 dm³
3000 cm³	2500 dm³
2,5 m³	0,4 dm³
800 dm³	24000 mm³
8 m³	4,5 cm³
4500 mm³	3 dm³
5,2 dm³	0,8 m³
400 cm³	5200 cm³

Die **Rauminhaltstabelle** hilft dir beim Umrechnen in kleinere und größere Maßeinheiten.
Die Umwandlungszahl ist 1000.

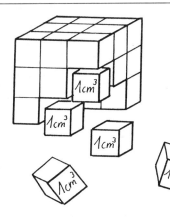

Große Zahlen runden

Darum geht es:

Die Geburtstage deiner Eltern merkst du dir sicher genau. Wahrscheinlich kennst du auch die Telefonnummern deiner Freundinnen oder Freunde, denn ohne die exakte Telefonnummer bekommst du keine Verbindung mit ihnen. Andererseits gibt es viele Zahlen, die du nur ungefähr wissen musst. Zum Beispiel hat Hamburg über 1 000 000 Einwohner, der Mount Everest, der höchste Berg der Erde, ist ungefähr 8900 m hoch. Der längste Fluss Afrikas, der Nil, ist etwa 6700 km lang. Bei diesen Angaben kommt es nicht darauf an, dass man die Zahlen ganz genau weiß. Es genügt, wenn man eine annähernd richtige Vorstellung der betreffenden Angaben hat und die Zahlen so ungefähr kennt. Es ist daher sinnvoll, mit Einwohnerzahlen, Entfernungsangaben, Höhen von Bergen oder Flusslängen großzügig umzugehen, d. h. gerundete Zahlen zu nehmen. Diese lassen sich gut vergleichen und ordnen und verschaffen einen besseren Überblick. Darüber hinaus kann man sich gerundete Zahlen leichter merken und auswendig lernen. Besonders wichtig sind gerundete Zahlen beim Überschlagsrechnen im Mathematikunterricht. Mit kräftig gerundeten Zahlen kannst du deine Rechenergebnisse gut kontrollieren.

Darauf kommt es an:

Damit du Zahlen schnell und erfolgreich runden kannst, musst du wissen, dass es **Rundungsregeln** gibt. Diese musst du gut beherrschen, um richtig auf- oder abzurunden. Mit ihrer Hilfe lernst du dann auf „Zehner", „Hunderter", „Tausender" oder „Zehntausender" zu runden. Ein besonderes Problem stellen Dezimalzahlen, also Zahlen mit Komma, dar. Bei ihnen kommt es darauf an, dass du lernst, wie man hinter dem Komma rundet. Wenn du weißt, wie man die Rundungsregeln anwendet, wird es dir auch nicht mehr schwerfallen, deine Rechnungen zu überschlagen. Damit hast du ein gutes „Werkzeug" in der Hand, um deine Ausrechnungen schnell zu kontrollieren.

> **Rundungsregeln** helfen beim Auf- und Abrunden von Zahlen.
> Große Zahlen lassen sich durch kräftiges **Runden** besser überschauen und merken.
> **Überschlagsrechnungen** mit runden Zahlen helfen beim Kontrollieren der Rechenergebnisse und machen sicher.

Das musst du üben:

- die Rundungsregeln bei Zehnern, Hundertern und Tausendern richtig anwenden

- große Zahlen runden, um sie besser ordnen zu können

- die Rundungsregeln bei Dezimalzahlen richtig anwenden

- mit Hilfe von Überschlagsrechnungen Rechenergebnisse kontrollieren

1. Aufgabe

Du sollst die Rundungsregeln bei Zehnern, Hundertern und Tausendern richtig anwenden.

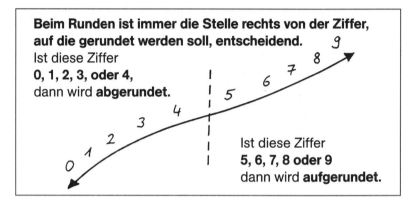

Beim Runden ist immer die Stelle rechts von der Ziffer, auf die gerundet werden soll, entscheidend.
Ist diese Ziffer
0, 1, 2, 3, oder 4,
dann wird **abgerundet.**

Ist diese Ziffer
5, 6, 7, 8 oder 9
dann wird **aufgerundet.**

Es soll *auf volle Zehner* gerundet werden.
Du betrachtest die Stelle rechts von der Zehnerstelle. Bei 12 ist es 2. Damit musst du abrunden, weil bei 0, 1, 2, 3 oder 4 abgerundet wird.

Fülle die Tabelle aus. Entscheide, wie gerundet werden muss.

	Notiere die Ziffer rechts vom Zehner.	Kreuze an.		Notiere die gerundete Zahl.
		Es wird *auf*gerundet.	Es wird *ab*gerundet.	
12	2		X	10
15				
17				
151				
155				
159				

Es soll *auf volle Hunderter* gerundet werden.
Du betrachtest die Stelle rechts von der Hunderterstelle. Bei 354 ist es die Ziffer 5. Du musst aufrunden, weil nach der Regel bei 5, 6, 7, 8 oder 9 aufgerundet wird. Die Einerstelle musst du nicht berücksichtigen.

Fülle die Tabelle aus. Entscheide, wie gerundet werden soll.

	Notiere die Ziffer rechts vom Hunderter.	Kreuze an.		Notiere die gerundete Zahl.
		Es wird *auf-*gerundet.	Es wird *ab-*gerundet.	
354	5	X		400
348				
990				
1266				
1240				
73				

Es soll *auf volle Tausender* gerundet werden.
Du betrachtest die Stelle rechts von der Tausenderstelle. Bei 1480 ist es die Ziffer 4. Du musst abrunden, weil nach der Regel bei 0, 1, 2, 3 oder 4 abgerundet wird.

Fülle die Tabelle aus. Entscheide, wie gerundet werden soll.

	Notiere die Ziffer rechts vom Tausender.	Kreuze an.		Notiere die gerundete Zahl.
		Es wird *auf-*gerundet.	Es wird *ab-*gerundet.	
1480	4		X	1000
1650				
3990				
3210				
6543				
9449				

2. Aufgabe

Du sollst große Zahlen runden, um sie besser ordnen zu können.

Als „Großstädte" gelten Städte mit mindestens 100 000 Einwohnern. Zur Zeit gibt es in Deutschland über 60 Großstädte. Die 9 größten Städte hatten 1998 die in der Tabelle angegebenen Einwohnerzahlen. Damit du dir einen Überblick verschaffen kannst, ist es günstig, die Zahlen erst zu runden. Dann ist es leicht, die Städte zu vergleichen und der Größe nach zu ordnen. Runde die Einwohnerzahl auf Zehntausender.

Schaue dir nochmals die Hilfen zum Runden an.

Stadt	Einwohner	Runde auf Zehntausender
Köln	965 697	*970 000*
Düsseldorf	571 030	
Dresden	469 110	
Leipzig	470 778	
Frankfurt/M.	650 055	
München	1 236 370	
Hamburg	1 707 901	
Berlin	3 471 418	
Dortmund	598 840	

Du kannst beim Runden auch dieses Rundungszeichen verwenden:
≈

Dann kann ich also schreiben:
965 697
≈
970 000.

Notiere die 9 Großstädte der Reihe nach. Beginne mit der größten Stadt.

1 _____

2 _____

3 _____

4 _____

5 _____

6 _____

7 _____

8 _____ und _____

In der Tabelle sind einige der längsten Flüsse der Erde zusammengestellt. Runde die Flusslängen auf Hunderter.
Nummeriere anschließend die Rangfolge vom längsten (1) bis zum kürzesten Fluss (10).

Fluss	Flusslänge	Runde auf Hunderter	Rang
Wolga	3530 km		
Donau	2850 km		
Nil	6671 km		
Mississippi	6021 km		
Jangtsekiang	6300 km		
Jenissei	4092 km		
Amazonas	6400 km		
Kongo	4320 km		
Ob	5410 km		
Rhein	1320 km		

Jetzt wird sich zeigen, wie du dich in Erdkunde auskennst.
Weißt du, in welchen Erdteilen diese Flüsse fließen? Ordne die Flüsse der Größe nach den Erdteilen zu.

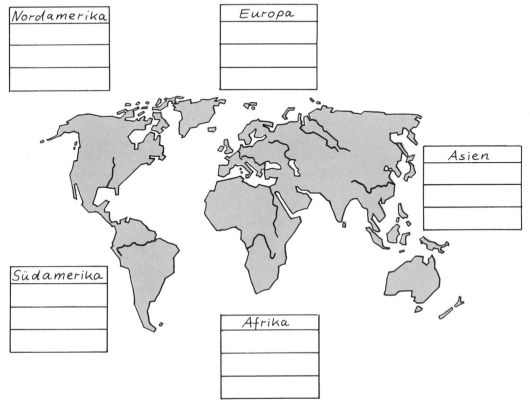

3. Aufgabe

Du sollst die Rundungsregeln bei Dezimalzahlen (Kommazahlen) richtig anwenden.

Auf Ganze runden: Alle Kommas fallen weg.

In vielen Bereichen des Alltags kommt man mit gerundeten Zahlen besser zurecht als mit exakten Zahlen. Das gilt auch für Dezimalzahlen. Bei dem Gewicht eines Lkw, der 29,64 t wiegt, genügt es, wenn wir wissen, wie viele ganze Tonnen er wiegt. Das heißt: Wir runden sein Gewicht auf Ganze auf oder ab.

Auf Zehntel runden: Hinter dem Komma steht nur eine Stelle.

Ob das Auto deiner Eltern 4,45 m oder 4,42 m lang ist, spielt normalerweise keine wichtige Rolle. Deshalb wird es genügen, wenn du die Länge auf die Zehntelstelle genau kennst. Die Zehntelstelle ist die erste Stelle nach dem Komma.

Denkst du noch an die Rundungs-regeln?

Klar ! Wenn ich auf Ganze runden will, sehe ich mir nur die erste Stelle nach dem Komma an, dann weiß ich, ob ich auf- oder abrunden muss.

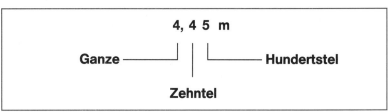

Um auf Zehntel zu runden, musst du dir nur die Stelle rechts von der Zehntelstelle (das sind die Hundertstel) ansehen. Damit weißt du, dass die Zahl 4,45 aufgerundet wird. Weil bei 5, 6, 7,… die Regel für das Aufrunden gilt. Es genügt, wenn du dir die gerundete Länge von 4,5 m merkst.

Auf Hundertstel runden: Hinter dem Komma stehen nur zwei Stellen.

Es ist dir sicher schon aufgefallen, dass die Preisschilder an Tankstellen manchmal 3 Stellen hinter dem Komma anzeigen, z. B. 1,659 DM oder 1,619 DM. Kein Tankwart würde aber auf die Idee kommen, von deinen Eltern 9 Tausendstel D-Mark zu verlangen. Der Tankwart rundet auf Hundertstel auf oder ab. In unserem Beispiel würde dann der Liter Benzin 1,66 DM bzw. 1,62 DM kosten. Da die Stelle rechts neben der Hundertstel-stelle 5, 6,… oder 9 war, muss er aufrunden.

auf Ganze runden Die folgenden Zahlen wurden auf Ganze gerundet. Es sind immer 2 Lösungen angegeben. Vorsicht! Eine der beiden Lösungen ist falsch. Unterstreiche die richtige Lösung, streiche die falsche durch.

Zahl	Auf **Ganze** gerundete Zahl	
	1. Lösung	2. Lösung
1,68	2	1
10,70	11	10
114,98	114	115
999,90	999	1000
318,82	318	319
119,98	120	119
40,15	40	41
39,09	39	40

auf Zehntel runden Schreibe die gerundeten Zahlen in die freien Zeilen.

Zahl	Auf **Zehntel** gerundete Zahl
5,48	
12,71	
0,19	
98,09	
3,04	
19,209	
2,951	
3,045	

auf Hundertstel runden Schreibe die gerundeten Zahlen in die freien Zeilen.

Zahl	Auf **Hundertstel** gerundete Zahl
1,089	
0,889	
6,103	
12,222	
3,555	
0,194	
8,947	
4,995	

Ich rate dir: beim Runden immer die Ziffer rechts von der Stelle betrachten, auf die gerundet werden soll.

4. Aufgabe Du sollst mit einer Überschlagsrechnung entscheiden, ob ein Rechenergebnis stimmen kann.

Um mit großen Zahlen gut im Kopf rechnen zu können, musst du beim Überschlagen kräftig runden. Die Additionsaufgabe

$$12\,453 + 8850 + 25\,125$$

ist schnell überschlagen, wenn du auf Tausender rundest.
Du kannst in diesen Schritten vorgehen:

1. Schreibe die Aufgabe untereinander.
2. Runde kräftig.
3. Überschlage im Kopf das Ergebnis.
4. Rechne das genaue Ergebnis aus.
5. Vergleiche die Ergebnisse.

Rechnung	Überschlag
12 453	12 000
8 850	9 000
+ 25 125	+ 25 000
46 428	46 000

Überschlag (46 000) und genaues Ergebnis (46 428) passen gut zusammen.

Schreibe die Überschlagsrechnung neben die Rechnung. Halte die 5 Schritte ein. Vergleiche den Überschlag mit dem genauen Ergebnis. Runde auf volle Hunderter.

Rech-nung	Über-schlag	Rech-nung	Über-schlag	Rech-nung	Über-schlag
789 →	_800_	633	_____	2 690	_____
205 →	_____	873	_____	8 122	_____
+ 533 → +		+ 102 +		+ 5 867	_____
_____ ←		_____		_____	

Runde auf volle Tausender.

Rech-nung	Über-schlag	Rech-nung	Über-schlag	Rech-nung	Über-schlag
10 489 →	_____	17 903	_____	32 238	_____
5 115 →	_____	12 843	_____	18 802	_____
+ 7 890 → +		+ 20 102 +		+ 40 177	
_____ ←		_____		_____	

Überschlage die Rechnungen. Schreibe den Buchstaben der genauen Lösungen in das passende Kästchen.

Rechnung	Überschlagsrechnung		genaue Lösung	
885− 256	$900 - 300 = 600$	C	a)	2962
8245−1940	_____		b)	4101
12390−8289	_____		c)	629
24006−5247	_____		d)	6305

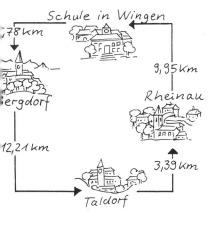

Schule in Wingen
,78km
9,95km
Rheinau
ergdorf
12,21km
3,39km
Taldorf

Der Schulbus fährt jeden Morgen 3 Dörfer an. Er holt die Schulkinder ab. Wie lang ist seine Fahrstrecke? Überschlage zunächst das Ergebnis. (Runde auf km)

Überschlag:

_____ + _____ + _____ + _____ = _____ km

Genaues Ergebnis: _____ km

_____ km

_____ km

+ _____ km

_____ km

Bei den folgenden Aufgaben hat sich der Fehlerteufel eingeschlichen. Mache die Überschlagsrechnung. Dann kannst du feststellen, wo sich der Rechenfehler im Ergebnis befindet, ohne ausführlich nachzurechnen.

Beispiel:

Rechnung	Überschlag
3,45	$3 + 13 + 45 + 7 = 68$
12,79	
45,05	
+ 6,91	
78,20 ??	
$68,20$ = Richtiges Ergebnis	

Rechnung	Überschlag
8,75	
2,09	___ + ___ + ___ + ___ = ___
54,33	
+18,78	
73,95 ??	
_____ = Richtiges Ergebnis	

Rechnung	Überschlag
12,4·5,24	$12 \cdot 5 =$ _____
649,76 ??	
_____ = Richtiges Ergebnis	

Rechnung	Überschlag
6,12·15,3	___ · ___ = ___
73,636 ??	
_____ = Richtiges Ergebnis	

Textaufgaben lösen

Darum geht es:

Textaufgaben sind oft nicht leicht zu knacken. Das kann verschiedene Gründe haben. In der Schule lernst du z. B., wie man schriftlich addiert (+), subtrahiert (−), multipliziert (·) und dividiert (:) oder wie man mit Prozenten rechnet. Das Ausrechnen macht meistens keine Probleme. Schwieriger wird es, wenn du die gelernten Rechenverfahren bei Textaufgaben anwenden sollst. Im Text der Aufgabe steht ja nicht mehr ausführlich, welches Rechenverfahren anzuwenden ist. Vielleicht kommen auch Begriffe vor, die du nicht verstehst. Oder der Text ist so lang, dass du gar nicht weißt, wo du anfangen sollst zu rechnen. Deshalb ist es wichtig zu wissen, wie man Schritt für Schritt eine Textaufgabe lösen kann.

Beispiel: Familie Fündig kauft sich ein Auto für 18440 DM. Das alte Auto wird für 9800 DM in Zahlung gegeben. Den Rest des Preises bezahlt Familie Fündig zur Hälfte bar, die andere Hälfte wird in 24 gleichen Monatsraten zurückgezahlt. Wie groß ist eine monatliche Rate?

Darauf kommt es an:

Das Nachschlagen im Lexikon wird auf Seite 56–63 geübt!

Beim ersten Lesen hast du die Aufgabe vielleicht noch nicht vollständig verstanden. Deshalb ist es gut, wenn du sie nochmals liest, vielleicht sogar laut. Und oft hilft es auch, den Inhalt der Aufgabe mit eigenen Worten wiederzugeben. Wenn du die Rechenfrage aufschreibst, hast du sie stets vor Augen. Bei unserem Beispiel heißt sie: „Wie groß ist eine monatliche Rate?"

Enthält die Aufgabe Begriffe, die du nicht kennst oder wieder vergessen hast, so kläre die Begriffe. Du kannst dazu in einem Lexikon nachschlagen oder deinen Lehrer, die Eltern oder einen Mitschüler befragen. Das Wort „bar" im Text bedeutet beispielsweise, dass sofort in Geldscheinen bezahlt wird und nicht mit Scheck oder per Banküberweisung.

Wichtig ist auch, dass du die Zahlenangaben notierst und mit eigenen Worten beschreibst:
18440 DM: Das ist der Preis für das neue Auto.
9800 DM: So viel erhält Familie Fündig für das alte Auto.

Sicher ist dir die Aufgabe jetzt schon klarer geworden.

Überlege dir nun den Rechenweg. Der Rechenweg mit seinen Zwischenschritten kann so aussehen:

- erst den zu zahlenden Betrag ausrechnen (**Restbetrag**)
- die Hälfte des Restbetrages ausrechnen (**Barbetrag**)
- davon die Raten pro Monat ausrechnen

Das Runden von Zahlen wird auf Seite 78 bis 87 geübt!

Jetzt rechnest du ausführlich:

18 440 DM − 9800 DM = 8640 DM **Restbetrag**
 8640 DM : 2 = 4320 DM **Barbetrag**
 4320 DM : 24 = 180 DM **monatliche Rate**

Wenn du sicher gehen möchtest, kannst du durch Überschlag mit gerundeten Zahlen kontrollieren. Das bedeutet: Rechne mit gerundeten Zahlen, beispielsweise so:

18 000 DM − 10 000 DM = 8000 DM
 8000 DM : 2 = 4000 DM
 4000 DM : 20 = 200 DM **Ergebnis durch Überschlag**

Vergleiche den Überschlag mit dem errechneten Ergebnis: Dein Überschlag und das errechnete Ergebnis passen prima zusammen. Die Antwort kann jetzt formuliert werden, denn die Aufgabe ist gelöst:

Eine Monatsrate beträgt 180 DM.

Dies sind die 6 Schritte zur Lösung einer Textaufgabe:
1. Die Textaufgabe **verstehen.**
2. Die **Frage notieren.**
3. **Zahlenangaben notieren** und beschreiben.
4. Den Rechenweg mit seinen **Zwischenschritten überlegen.**
5. Das Ergebnis **ausrechnen** und **überschlagen.**
6. Die **Antwort aufschreiben.**

Das musst du besonders üben:

- als Frage aufschreiben, was man von dir wissen will

- wichtige Zahlenangaben notieren und mit deinen Worten beschreiben

- den Rechenweg mit seinen Zwischenschritten überlegen

- die 6 Schritte zur Lösung einer Textaufgabe nacheinander anwenden

1. Aufgabe   Du sollst als Frage aufschreiben, was man von dir wissen will.

In vielen Textaufgaben ist die Frage bereits im Text enthalten. Dann ist es für dich wichtig, diese Frage genau zu lesen und sie aufzuschreiben. In einigen Textaufgaben musst du die Frage aber selbst formulieren. Und das will geübt sein.

Zum Beispiel:
Klaus spart jeden Monat 15 DM von seinem Taschengeld. Er möchte sich einen Walkman kaufen. Der Walkman kostet 75 DM. Eine sinnvolle Frage für dieses Beispiel ist:
Wie viele Monate muss Klaus sparen?

Zu den folgenden 5 Textaufgaben findest du anschließend 5 sinnvolle Fragen. Lies die Textaufgaben durch und suche die passende Frage dazu. Ordne die Fragen den Aufgaben zu (Buchstaben in die Kästchen eintragen).

Textaufgaben:
1) Julia zahlt für 5 Flaschen Mineralwasser 3,20 DM.
2) Axel kauft 4 Liter Milch, den Liter zu 0,98 DM.
    Er zahlt mit einem 10-DM-Schein.
3) Das gleiche Fernsehgerät wird in einem Geschäft für 1150 DM und im anderen für 1280 DM angeboten.
4) Frau Meisner benötigt für 400 km Autobahnfahrt 34 l bleifreies Benzin.
5) Ein Kilo Bananen kostet im Supermarkt 1,90 DM. Ali kauft 800 g.

„Wonach ist gefragt?" Das ist hier die Frage. Klar?

Sinnvolle Fragen:
a) Wie viel Liter bleifreies Benzin benötigt Frau Meisner für 100 km Autobahnfahrt?
b) Was kostet eine Flasche Mineralwasser?
c) Wie viel DM muss Ali für 800 g Bananen an der Kasse zahlen?
d) Welchen Betrag kann man sparen, wenn man das günstigere Fernsehgerät kauft?
e) Welchen Betrag erhält Axel im Laden zurück?

Kreuze bei jeder Aufgabe die sinnvolle Frage an.
Der Deutschlehrer bestellt 25 Lesebücher. Sie kosten
537,50 DM.
Frage:
Wie viele Bücher hätte man für 430 DM bekommen?
Was muss jeder Schüler für ein Lesebuch bezahlen?

Aus einem Wasserhahn tropfen in einer Minute 30 ml Wasser.
Frage:
Wie viel Liter Wasser sind das in einer Sekunde?
Wie viel Liter Wasser sind das an einem Tag?

Der Keller eines Hauses kann von 4 Bauarbeitern in 16 Tagen
fertig gestellt werden. Die Firma schickt nur 3 Arbeiter.
Frage:
Wie viele Arbeiter benötigt man für das ganze Haus?
Wie lange benötigen 3 Bauarbeiter?

6 Schüler sind bei einem Fahrradausflug 5 Stunden unterwegs.
Sie legen dabei 48 km zurück.
Frage:
Wie lange brauchen 4 Schüler für die gleiche Strecke?
Wie viele Kilometer fahren sie in einer Stunde?

Überlege dir zu den folgenden Aufgaben sinnvolle Fragen.

Ein Schulhof ist 70 m lang und 35 m breit.

Frage: _____

_____

Patrick sagt: „Ich bin 11 Jahre alt." Oliver sagt: „Ich bin 125
Monate alt."

Frage: _____

_____

Ein Eimer Farbe reicht für 54 m². Familie Gerig streicht
3 Räume. Sie benötigen 4 Eimer Farbe.

Frage: _____

_____

Ein Auto legt in 10 Minuten 15 km zurück.

Frage: _____

_____

2. Aufgabe Du sollst wichtige Zahlenangaben notieren und mit deinen Worten beschreiben.

In Textaufgaben können wichtige und unwichtige Zahlenangaben enthalten sein. Eine Zahlenangabe ist dann wichtig, wenn du sie für die Beantwortung der Rechenfrage brauchst.

Zum Beispiel: Monika und Nina gehen zusammen ins Kino. Eine Eintrittskarte kostet 10,50 DM. Der Film dauert 1 ¹/₂ Stunden. Sie bezahlen mit einem 50 DM-Schein. Wie viel DM bekommen sie zurück?

In unserem Beispiel ist „10,50 DM" eine wichtige Angabe, ebenso der „50-DM-Schein". Beide Angaben werden zur Ausrechnung benötigt. Dagegen ist die Angabe der „1 ¹/₂ Stunden" eine überflüssige Angabe. Wenn du jetzt übst, dann lernst du dabei, wichtige von überflüssigen Zahlenangaben zu unterscheiden und diesen Schritt beim Lösen von Textaufgaben anzuwenden.

Trage die Angaben in die richtige Spalte ein.	Die Zahlenangabe ist	
	wichtig	überflüssig
Matthias fährt mit dem Rad zu seinem Freund Willi. Matthias ist 12 Jahre alt. Er fährt um 14.15 Uhr los. 14.47 Uhr trifft Matthias bei Willi ein. Wie lange ist Matthias unterwegs?		
Paul, Renate und Angela bekommen zusammen ein wöchentliches Taschengeld in Höhe von 30 DM. Paul ist 9, Renate 10 und Angela 12 Jahre alt. Angela erhält 1/2 dieser 30 DM, Renate 1/3 und Paul 1/6. Wie viel DM erhält jedes Kind?		
Die Klasse 6 macht eine Wanderung. Der Waldweg ist 6 m breit. Die Bäume sind bis zu 20 m hoch. Für 15 km benötigt die Klasse 3 Stunden. Wie lange muss die Klasse noch wandern, wenn das Ziel 5 km entfernt ist?		
Kerstin bringt 5 Briefe und 3 Postkarten zum Postamt. Sie benötigt dafür 30 Minuten. Ein Normalbrief kostet 1,10 DM, eine Postkarte 1 DM. Wie viel DM muss Kerstin für die Postkarten bezahlen?		

Beschreibe die wichtigen Zahlenangaben mit deinen Worten.

Matthias fährt mit dem Rad zu seinem Freund Willi. Matthias ist 12 Jahre alt. Er fährt um 14.15 Uhr los. 14.47 Uhr trifft Matthias bei Willi ein. Wie lange ist Matthias unterwegs?

14.15 Uhr: Abfahrtszeit

_____ : _____

Hier sind 'ne Menge unwichtiger Angaben dabei !

Aber darauf fallen wir nicht rein !

Paul, Renate und Angela bekommen zusammen ein wöchentliches Taschengeld in Höhe von 30 DM. Paul ist 9, Renate 10 und Angela 12 Jahre alt. Angela erhält 1/2 von 30 DM, Renate 1/3 und Paul 1/6. Wie viel DM erhält jedes Kind?

_____ : _____

_____ : _____

_____ : _____

_____ : _____

Die Klasse 6 macht eine Wanderung. Der Waldweg ist 6 m breit. Die Bäume sind bis zu 20 m hoch. Für 15 km benötigt die Klasse 3 Stunden. Wie lange muss die Klasse noch wandern, wenn das Ziel 5 km entfernt ist?

_____ : _____

_____ : _____

_____ : _____

Kerstin bringt 5 Briefe und 3 Postkarten zum Postamt. Sie benötigt dafür 30 Minuten. Ein Normalbrief kostet 1,10 DM, eine Postkarte 1 DM. Wie viel DM bezahlt Kerstin für die Postkarten?

_____ : _____

_____ : _____

_____ : _____

3. Aufgabe

Du sollst den Rechenweg mit seinen Zwischenschritten überlegen.

Viele Textaufgaben sind nur in mehreren Rechenschritten zu lösen. Dabei hilft, die Schritte in Stichworten festzuhalten.
Zum Beispiel: Monika und Nina gehen zusammen ins Kino. Eine Eintrittskarte kostet 10,50 DM. Sie bezahlen mit einem 50 DM-Schein. Wie viel DM bekommen sie zurück?
In unserem Beispiel muss zunächst ausgerechnet werden, was Monika und Nina zusammen an Eintritt bezahlen müssen.

1. Rechenschritt:
● die Eintrittskarten von Monika und Nina berechnen.
Außerdem wissen wir, dass die beiden mit einem 50 DM-Schein bezahlen. Wie viel sie zurückbekommen, ergibt sich aus dem
2. Rechenschritt:
● den Restbetrag berechnen, den sie zurückbekommen.

Bei den folgenden Aufgaben sind die Rechenschritte durcheinandergeraten. Ordne sie der Reihe nach.

Der Obsthändler kauft auf dem Großmarkt 50 kg Bananen. Das Kilo kostet 1,20 DM im Einkauf. Er verkauft das Kilo für 1,95 DM. Wie hoch ist der Gewinn? Trage die Buchstaben ein.

Rechenschritte ungeordnet:	Rechenschritte geordnet:	
a) den Gewinn berechnen	1. Rechenschritt:	
b) die Einnahmen berechnen	2. Rechenschritt:	
c) den Einkaufspreis berechnen	3. Rechenschritt:	

Beim Schulfest haben die 10 Klassensprecher den Getränkestand übernommen. 300 Limonadenflaschen waren am Ende leer. Eine Flasche kostet 60 Pf im Einkauf. Verkauft wurde eine Flasche für 1 DM. Die Klassensprecher bekamen je eine Limonade umsonst. Wie hoch war der Gewinn?

Rechenschritte ungeordnet:	Rechenschritte geordnet:	
a) die Einnahmen berechnen	1. Rechenschritt:	
b) den Einkaufspreis berechnen	2. Rechenschritt:	
c) den Gewinn berechnen	3. Rechenschritt:	
d) die Anzahl der verkauften Limonadenflaschen berechnen	4. Rechenschritt:	

Bei den nächsten beiden Übungen fehlt ein Rechenschritt.
Udo spart jede Woche 9 DM für ein Skateboard. Nach 7
Wochen fehlen ihm noch 35 DM. Wie teuer ist das Skateboard?

1. Rechenschritt: *ausrechnen, was er in 7 Wochen gespart hat*

2. Rechenschritt: _____

_____

Im Winterschlussverkauf kauft Peters Vater zwei Paar Ski. Er
spart pro Paar 45 DM ein. An der Kasse füllt er einen Scheck
über 360 DM aus. Wie viel DM kostete ein Paar Ski vor dem
Winterschlussverkauf?

1. Rechenschritt: *ausrechnen, was ein Paar Ski kostet*

2. Rechenschritt: _____

_____

Jetzt kannst du dich testen. Schreibe alle Rechenschritte auf.
Herr Weller füllt den Tank (60 l) seines Autos. Diese Füllung
reicht für 840 km. In vier Tagen ist er 360 km gefahren. In den
nächsten 3 Tagen legt er 180 km zurück. Wie viel Kilometer kann
Herr Weller mit der restlichen Tankfüllung etwa fahren?

1. Rechenschritt: _____

_____

2. Rechenschritt: _____

_____

Familie Erb verbraucht in einem Jahr 186 m³ Wasser. Für 1 m³
muss sie dem Wasserwerk 2,35 DM zahlen. Dazu kommt eine
monatliche Grundgebühr von 35 DM. Wie viel DM sind in einem
Jahr zu zahlen?

1. Rechenschritt: _____

_____

2. Rechenschritt: _____

_____

3. Rechenschritt: _____

_____

Beispiel:

Du sollst die 6 Schritte zur Lösung einer Textaufgabe nacheinander anwenden.

Von der 4. bis 7. Aufgabe findest du Textaufgaben.
Hier ist ein Beispiel dafür, wie du eine solche Textaufgabe in 6 Schritten lösen kannst.

Die Klasse 7 b (23 Mädchen und Jungen) plant einen Klassenausflug zum Zoo in der nächsten Stadt. Das Busunternehmen verlangt 253,– DM für die Fahrt. Der Eintritt kostet je Schüler 3,50 DM. Wie viel DM muss jeder Schüler für den Ausflug bezahlen?

die Textaufgabe verstehen

Lies die Aufgabe langsam durch (besser zweimal). Versuche sie mit deinen Worten wiederzugeben. Kläre Begriffe, die du nicht verstehst.

die Frage notieren

Schreibe auf, was man von dir wissen will. Entnimm die Fragen aus dem Text. Formuliere selbst, wenn im Text keine Frage gestellt ist.
Zum Beispiel so: Wie viel DM muss jeder Schüler für den Klassenausflug bezahlen?

Zahlenangaben mit eigenen Worten beschreiben

Notiere dir die wichtigen Zahlenangaben und beschreibe sie mit deinen Worten.
Zum Beispiel so:
23 Schüler : das ist die Klassengröße der 7 b
253,00 DM: das sind die Fahrtkosten
   3,50 DM: das ist das Eintrittsgeld für jeden Schüler

den Rechenweg mit seinen Zwischenschritten überlegen

Überlege dir den Rechenweg. Mache dir bei jedem Zwischenschritt klar, was du ausrechnen musst.

Zum Beispiel so:
1. Rechenschritt:
   erst die Buskosten je Schüler ausrechnen
2. Rechenschritt:
   dann den Eintritt addieren

das Ergebnis ausrechnen…

Rechne jetzt ausführlich. Benutze den Rechenweg.
Zum Beispiel so:
Ausrechnung:
253 DM : 23   = 11 DM Buskosten je Schüler
  11 DM + 3,50 DM = 14,50 DM Kosten je Schüler
Ergebnis durch Ausrechnung: 14,50 DM

…und überschlagen

Schlaue Füchse machen einen Schritt mehr. Sie überschlagen ihre Rechnung mit runden Zahlen, z. B. so:
250 DM : 25 DM = 10 DM Buskosten
10 DM + 3,50 DM = 13,50 DM Kosten je Schüler

Kombiniere! Der Überschlag muss zur Ausrechnung passen!
Stimmt: 13,50 DM passt zu 14,50 DM

die Antwort aufschreiben

Beantworte die Ausgangsfrage.
Zum Beispiel so: Jeder Schüler der Klasse 7 b muss 14,50 DM für den Klassenausflug bezahlen.

4. Aufgabe

Du sollst die 6 Schritte zur Lösung einer Textaufgabe bei einer einfachen Sachaufgabe mit Überschlagsrechnung anwenden.

Katharina sammelt in der fünften Klasse von jedem Schüler 14 DM für einen Wandertag ein. In ihrer Klasse sind 21 Schüler. Lars sagt sofort: „Das sind ja ungefähr 300 DM." Hat Lars Recht? Um wie viel DM hat sich Lars verschätzt?

die Textaufgabe verstehen

Lies die Aufgabe langsam durch (besser zweimal). Versuche sie mit deinen Worten wiederzugeben.

die Frage notieren

Schreibe auf, was man von dir wissen will. Entnimm die Fragen aus dem Text. Formuliere selbst, wenn im Text keine Frage gestellt ist.

_____

_____

Zahlenangaben mit eigenen Worten beschreiben

Notiere dir die wichtigen Zahlenangaben und beschreibe sie mit eigenen Worten.

_____ : _____

_____ : _____

_____ : _____

den Rechenweg mit seinen Zwischenschritten überlegen

Überlege dir den Rechenweg. Mache dir bei jedem Zwischenschritt klar, was du ausrechnen willst.
Notiere den Rechenweg in Stichwörtern. Bei dieser Aufgabe sind es 2 Rechenschritte.

1. Rechenschritt:

_____

2. Rechenschritt:

_____

das Ergebnis ausrechnen…	Rechne jetzt ausführlich. Benutze den Rechenweg mit seinen Rechenschritten.

Ausrechnung:

1. Rechenschritt	2. Rechenschritt

Ergebnis durch Ausrechnung: _____

…und überschlagen	Überschlage den ersten Rechenschritt:

_____

_____

die Antwort aufschreiben	Beantworte eine Ausgangsfragen.

_____

_____

_____

Schlaue Füchse machen einen Schritt mehr. Sie überschlagen.

Ein ganz schön schlauer Fuchs, dieser Lars.

5. Aufgabe

Du sollst die 6 Schritte zur Lösung einer Textaufgabe am Beispiel einer Sachaufgabe aus der Physik anwenden.

Der Schall legt in einer Sekunde 331 m zurück. Bettina hört den Donner 4 Sekunden nach dem Blitz.

Der Donner ist der Schall des Blitzes, versteht sich !

die Textaufgabe verstehen

Lies die Aufgabe langsam durch (besser zweimal). Versuche sie mit deinen Worten wiederzugeben. Kläre Begriffe, die du nicht verstehst.

die Frage notieren

Schreibe auf, was man von dir wissen will. Entnimm die Frage aus dem Text. Formuliere selbst, wenn im Text keine Frage gestellt ist.

_____

_____

Zahlenangaben mit eigenen Worten beschreiben

Notiere dir die wichtigen Zahlenangaben und beschreibe sie mit eigenen Worten.

_____ : _____

_____ : _____

den Rechenweg mit seinen Zwischenschritten überlegen

Überlege dir den Rechenweg. Mache dir bei jedem Zwischenschritt klar, was du ausrechnen musst.
Notiere den Rechenweg in Stichwörtern. Bei dieser Aufgabe ist es 1 Rechenschritt.

1. Rechenschritt:

_____

_____

das Ergebnis
ausrechnen…

Rechne jetzt ausführlich. Benutze den Rechenweg mit seinen Rechenschritten.
Ausrechnung:

Ergebnis durch Ausrechnung: _____

…und
überschlagen

Überschlag:

_____

_____

_____

die Antwort
aufschreiben

Beantworte die Ausgangsfrage.

_____

_____

Jetzt haben wir uns aber eine Erfrischung verdient, Jan!

6. Aufgabe

Du sollst die 6 Schritte zur Lösung einer Textaufgabe am Beispiel einer Längenumwandlung anwenden.

Thomas hat mehrere Geldmünzen aufeinander gelegt. Der Stapel ist 4,5 cm hoch. Eine Münze ist 1,8 mm dick.

die Textaufgabe verstehen

Lies die Aufgabe langsam durch (besser zweimal). Versuche sie mit deinen Worten wiederzugeben.

die Frage notieren

Schreibe auf, was man von dir wissen will.

_____

Zahlenangaben mit eigenen Worten beschreiben

Notiere dir die wichtigen Angaben und beschreibe sie mit eigenen Worten.

_____ : _____

_____ : _____

den Rechenweg mit seinen Zwischenschritten überlegen

Notiere den Rechenweg in Stichwörtern. Hier sind es 2 Rechenschritte.
1. Rechenschritt:

_____

2. Rechenschritt:

_____

das Ergebnis ausrechnen...

Rechne jetzt ausführlich.
Ausrechnung:

Ergebnis durch Ausrechnung: _____

...und überschlagen

Überschlag:

_____

die Antwort aufschreiben

Beantworte deine Ausgangsfrage.

_____

7. Aufgabe
Du sollst die 6 Schritte zur Lösung einer Textaufgabe am Beispiel einer Prozentrechnung anwenden.

Frau Taler verdiente 1996 33 600 DM im Jahr. 1997 erhielt sie eine Gehaltsaufbesserung in Höhe von 3 %. Wie viel DM verdiente Frau Taler 1997 monatlich?

verstehen Lies die Aufgabe langsam durch (besser zweimal). Versuche sie mit deinen Worten wiederzugeben.

fragen Schreibe auf, was man von dir wissen will.

_____

Zahlen notieren Notiere dir die wichtigen Angaben und beschreibe sie.

überlegen Notiere den Rechenweg in Stichwörtern. Hier sind es höchstens 3 Rechenschritte.
1. Rechenschritt:

_____

2. Rechenschritt:

_____

3. Rechenschritt:

_____

ausrechnen Rechne jetzt ausführlich.
Ausrechnung:

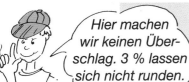

Hier machen wir keinen Überschlag. 3 % lassen sich nicht runden.

Nimm dir für diese Rechnung ausnahmsweise einmal ein Extrablatt.

Ergebnis durch Ausrechnung: _____

antworten Beantworte deine Ausgangsfrage.

_____

Mit Schaubildern umgehen

Darum geht es:

Um wichtige Zahlenangaben anschaulich darstellen zu können, werden in Zeitungen, Illustrierten und Büchern Schaubilder verwendet. In deinen Schulbüchern findest du sie auch. Besonders im Gemeinschaftskunde-, Erdkunde- und im Mathematikunterricht ist der richtige Umgang mit ihnen sehr wichtig.

Beispiel:
Wissenschaftler haben Kinder und Jugendliche im Alter von 6 - 17 Jahren befragt, womit sie sich in ihrer Freizeit gerne beschäftigen. Die Tabelle und das Schaubild zeigen dir verschiedene Freizeitbeschäftigungen der Mädchen und Jungen. Zahlenangaben, wie du sie in der Tabelle findest, kann man auch in einem Schaubild darstellen.

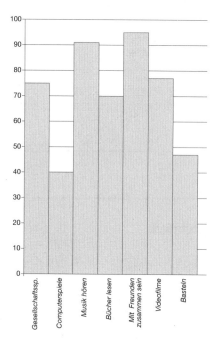

Für 100 Mädchen und Jungen waren die folgenden Freizeittätigkeiten unterschiedlich attraktiv:

Freizeittätigkeit	Anzahl
Gesellschaftsspiele	75
Computer-, Videospiele	40
Musik hören	91
Bücher lesen	70
Mit Freunden/Freundinnen zusammen sein	95
Videofilme ansehen	77
Basteln	47

Aus dem Schaubild kannst du sofort ablesen:
Die Mädchen und Jungen sind am liebsten mit ihren Freundinnen und Freunden zusammen. Sie hören sehr gerne Musik und sehen sich oft Videofilme an. Gesellschaftsspiele und Lesen sind ihnen ebenfalls wichtig. Computer-, Videospiele und Basteln haben dagegen eine geringere Bedeutung.

Darauf kommt es an:

In diesem Kapitel kommt es darauf an, dass du lernst, die Zahlenangaben der Schaubilder richtig abzulesen, sie zu vergleichen und zu erklären (interpretieren). Zum Beispiel kann man am Schaubild sehr gut erkennen, dass das Zusammensein mit Freunden an erster Stelle in der Beliebtheitsskala der Freizeittätigkeiten steht und dass dagegen Computer- und Videospiele weniger wichtig sind.

Für den Unterricht ist es aber auch wichtig, Schaubilder nach Zahlenangaben zeichnen zu können. In unserem Beispiel wurden die Zahlenangaben der Tabelle in Säulenform im Schaubild dargestellt.

> Es kommt auf das richtige **Lesen** von Schaubildern an. Schaubilder geben Anlass, Sachverhalte zu **erklären.** Zahlenangaben lassen sich übersichtlich als Schaubilder **zeichnen.**

Das musst du üben:

● verschiedene Arten von Schaubildern lesen und erklären

● mit Hilfe des Gitternetzes Schaubilder zeichnen

> *Klasse, so ein Schaubild. Ein Blick genügt und die Unterschiede sind klar !*

1. Aufgabe   Du sollst Säulenschaubilder lesen und erklären.

100 Schüler wurden befragt, zu welcher Uhrzeit sie am liebsten ihre Hausaufgaben erledigen. Um ihre Antworten am **Säulenschaubild** ablesen zu können, musst du dir die Rechtsachse und die Hochachse genau anschauen. Auf der Rechtsachse ist die Uhrzeit eingetragen, auf der Hochachse die Schülerzahl.

Lies das Schaubild und trage die Zahlenangaben ein.

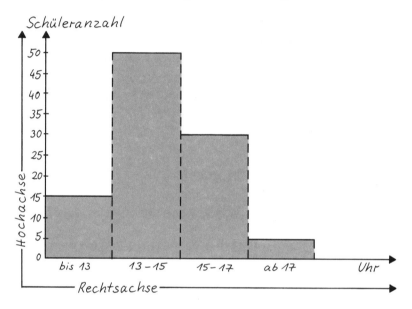

Die meisten Schüler machen ihre Hausaufgaben am liebsten

zwischen _____ Uhr. Das liest man leicht

ab, weil unter der Rechtsachse die _____ steht. Die

Schüleranzahl schaust du dir auf der _____

an. Die höchste Säule endet bei _____ Schülern.

Damit weißt du, dass von 100 Schülern 50 Schüler ihre Hausauf-

gaben am liebsten zwischen _____ Uhr

erledigen. Ist das bei dir genau so?

Wie lange Schüler durchschnittlich für ihre Hausaufgaben brauchen, interessiert dich vielleicht auch.

Lies aus dem folgenden Schaubild die Zahlenangaben heraus. Beantworte die folgenden Fragen schriftlich.

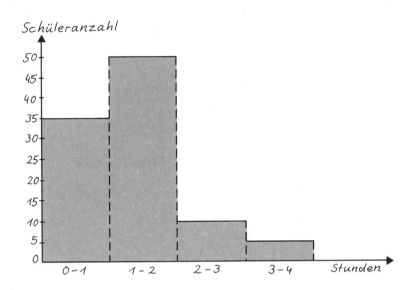

Welche Zahlenangaben sind auf der Rechtsachse dargestellt?

_____

Welche Zahlenangaben sind auf der Hochachse dargestellt?

_____

Wie viele Schüler (von 100 Schülern insgesamt) benötigen 1-2 Stunden für ihre Hausaufgaben?

_____

Wie viele Schüler brauchen bis zu einer Stunde?

_____

Wie viele Schüler brauchen 2-3 Stunden?

_____

Wie viele Schüler brauchen 3-4 Stunden?

_____

2. Aufgabe Du sollst Kurvenschaubilder lesen und erklären.

Bei Tieren und Menschen gibt es Vorgänge, die regelmäßig wiederkehren. Zum Beispiel der Winterschlaf bei manchen Tieren. Auch beim Menschen gibt es solche Regelmäßigkeiten. So gibt es beispielsweise am Tag Zeiten ganz hoher, aber auch sehr niedriger Leistungsfähigkeit. Das nennt man den „Biorhythmus" des Menschen. Deshalb gibt es auch günstige und ungünstige Zeiten für die Erledigung deiner Hausaufgaben. Wissenschaftler haben herausgefunden, dass dieser Rhythmus bei vielen Menschen ähnlich verläuft.

Das abgebildete **Kurvenschaubild** zeigt dir das:

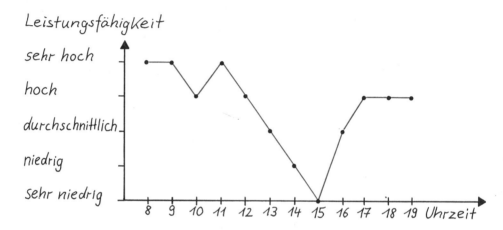

Vervollständige die Sätze. Benutze das Kurvenschaubild.

Sehr hoch ist die Leistungsfähigkeit um _____.

Hoch ist die Leistungsfähigkeit um _____.

Durchschnittlich ist die Leistungsfähigkeit um _____.

Niedrig ist die Leistungsfähigkeit um _____.

Sehr niedrig ist die Leistungsfähigkeit um _____.

Auch das Konzentrationsvermögen und damit die Rechengeschwindigkeit hängt vom Tagesrhythmus ab.

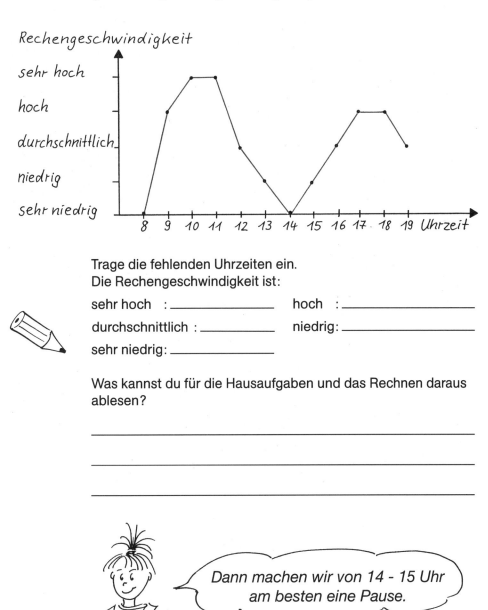

Trage die fehlenden Uhrzeiten ein.
Die Rechengeschwindigkeit ist:

sehr hoch : _____ hoch : _____

durchschnittlich : _____ niedrig: _____

sehr niedrig: _____

Was kannst du für die Hausaufgaben und das Rechnen daraus ablesen?

_____

_____

_____

Dann machen wir von 14 - 15 Uhr am besten eine Pause.

3. Aufgabe Du sollst Schaubilder im Gitternetz zeichnen.

Ein **Gitternetz** besteht aus zwei Achsen. Einer **Rechtsachse** und einer **Hochachse.** Besonders praktisch ist es, dass man im Gitternetz jeden Punkt festlegen und zeichnen kann, in dem man den Rechtswert und den Hochwert bestimmt.

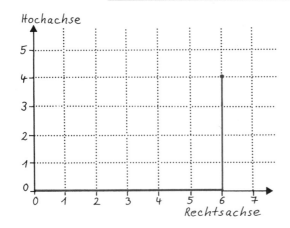

Stelle dir vor, bei Punkt A wäre ein Schatz vergraben. Diesen würdest du finden, wenn du vom Punkt (0/0) 6 Gitterlängen nach rechts und 4 Gitterlängen nach oben gehst. Abgekürzt beschreibt man den Punkt A so:

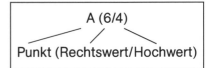

A (6/4)

Punkt (Rechtswert/Hochwert)

Ergänze:
Um den Punkt A zu zeichnen, gehe ich _____ Gitterlängen

nach _____ und _____ Gitterlängen nach

_____ .

Zeichne die folgenden Punkte in das Gitternetz ein:
B (2/1), C (4/1), D (4/3), E (2/3), F (3/4), G (5/4), H (5/2)

Verbinde die Punkte der Reihe nach:
E → B → C → D → E → F → G → H → C und D → G

Welche Figur ist entstanden? _____

Fülle die Lücken des folgenden Textes aus:
Um den Punkt B zu zeichnen, gehe ich _____ Gitterlängen

nach _____ und _____ Gitterlänge nach

_____ .

Um den Punkt D zu zeichnen, gehe ich _____ Gitterlängen

nach _____ und _____ Gitterlängen nach

_____ .

Wenn du das Buch bis zu diesem Kapitel durchgearbeitet hast, hast du schon sehr viel gearbeitet und dazugelernt. Dazu gratulieren wir dir herzlich. Mit Sicherheit wirst du eine Menge des gelernten Stoffes behalten, weil du mit Einsicht gelernt hast. Damit du weißt, wie du möglichst viel von dem erarbeiteten Wissen auch behältst, beschäftigt sich die nächste Übung mit dem Gedächtnis des Menschen. Als Beispiel nehmen wir das Fach Englisch.

Als Hausaufgabe 20 Vokabeln auswendig zu lernen, ist bestimmt keine Seltenheit für dich. Wichtig ist aber, wie viele der gelernten Vokabeln du davon auf Dauer behältst. Das **Kurvenschaubild** zeigt dir, wie viele Vokabeln nach einem Testergebnis die meisten Schüler in den Tagen nach dem Erlernen noch wissen.

Tage	1.	2.	3.	4.	5.	6.	7.	8.	9.	10.
Anzahl der behaltenen Vokabeln	20	11	8	6	5	4	4	4	4	4

Schaue dir die Tabelle an und zeichne die Punkte in das Gitternetz ein. Verbinde die Punkte miteinander. Der 1. Tag ist der Lerntag und wird so abgekürzt: (1/20)

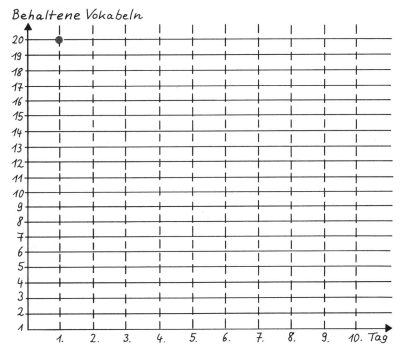